国家级职业教育规划教材

全国中等职业学校会计专业教材

（第2版）

# 成本核算实务

人力资源社会保障部教材办公室　组织编写

何义山　主编

中国劳动社会保障出版社

## 简　介

本教材为国家级职业教育规划教材。

本教材主要内容包括：成本核算基础知识、材料采购成本核算、生产成本核算、制造成本核算、成本会计报表编制、批发主营业务成本核算和零售主营业务成本核算。教材讲解了会计业务中关于成本核算的基础知识和基本方法，理论以够用为度，着重实践能力的培养与训练。

本教材由何义山主编。

**图书在版编目（CIP）数据**

成本核算实务 / 何义山主编. --2 版. --北京：中国劳动社会保障出版社，2019
全国中等职业学校会计专业教材
ISBN 978-7-5167-3611-1

Ⅰ.①成…　Ⅱ.①何…　Ⅲ.①成本计算－中等专业学校－教材　Ⅳ.①F231.2

中国版本图书馆 CIP 数据核字（2019）第 023170 号

**中国劳动社会保障出版社出版发行**
（北京市惠新东街 1 号　邮政编码：100029）

*

北京市艺辉印刷有限公司印刷装订　新华书店经销
787 毫米 ×1092 毫米　16 开本　7 印张　118 千字
2019 年 2 月第 2 版　2024 年 5 月第 6 次印刷
**定价：15.00 元**

营销中心电话：400-606-6496
出版社网址：http://www.class.com.cn
http://jg.class.com.cn

# 前　言

全国中等职业学校会计专业教材自出版以来，在学校教学中发挥了重要作用。近年来随着会计行业的发展变化，企业对从业人员的知识水平和职业能力提出了更高的要求。为适应这一变化，满足学校培养人才的需求，我们组织一批教学经验丰富、实践能力强的教师与行业、企业专家，在充分调研的基础上，对现有教材进行了修订。

本次教材修订工作的重点主要体现在以下几个方面：

◆ 更新教材内容。根据近年来会计政策和法规的变化，调整、更新了企业会计准则以及增值税、营业税等税收法规的内容；补充了会计理论的最新知识，强调了互联网时代在会计记账、核算、报税过程中对新技术和新设备的应用；完善了最新会计软件的操作方法，使得教材内容更加具有前瞻性，符合时代发展特点。

◆ 强化职业技能和职业素质培养。教材进一步加大技能训练的比重，在涉及到记账、出纳、成本核算、纳税等主要会计技能的教材中，更多地加入实践题例和操作指导，方便教师开展一体化教学。同时，将与会计行业相关的职业道德、职业操守等内容融入到教学知识、课堂问答、课后训练等各环节，以加强对学生职业素质的培养。

◆ 提升教材表现力。通过设置案例分析、知识链接、能力提示等不同栏目，增加教材的亲和力，激发学生的学习兴趣。同时，尽可能多地以图表代替冗长的文字叙述，使教材更加生动，易于学习。

◆ 加强立体化资源建设。习题册修订和教材修订同步进行，同时补充开发配套的电子课件。习题册答案及电子课件可登录 zyjy.class.com.cn，搜索相应的书目，在相关资源中下载。

本套教材的编写得到了有关学校的大力支持，教材的编审人员做了大量的工作，在此，我们表示衷心的感谢！同时，恳切希望广大读者对教材提出宝贵的意见和建议。

人力资源社会保障部教材办公室

# 目　录

CONTENTS

# 第一章 成本核算基础知识

## 学习目标

1. 掌握成本的概念、类别及作用。
2. 了解成本会计的概念与职能。
3. 了解成本核算的原则与要求。
4. 掌握成本核算的程序。

成本核算是指将企业在生产经营过程中发生的各种耗费按照一定的对象进行分配和归集，以计算出总成本和单位成本。成本核算通常以会计核算为基础，以货币为计算单位，是成本管理的重要组成部分，对于企业的成本预测和企业的经营决策等存在直接影响。进行成本核算，要基于成本核算的原则和要求，确定成本核算对象，选择合适的成本计算方法，计算各种产品的总成本和单位成本，为成本管理提供真实的成本资料。

# 第一节 成本的含义

## 一、成本的概念

成本作为一个价值范畴，是归属于特定对象的费用。如采购材料的成本、生产产品的成本、提供劳务的成本等。不同的经济环境、不同的行业特点，对成本的内涵有不同的理解。但是，成本的经济内容归纳起来有两点是共同的：一是成本的形成是以某种目标为对象的，目标可以是有形的产品或无形的产品，如新技术、新工艺；也可以是某种服务，如教育、卫生系统的服务目标。二是成本是为实现一定的目标而发生的耗费，没有目标的支出则是一种损失，不能叫作成本。根据价值理论，商品的价值由三个部分组成，即生产消耗的生产资料的价值 C、劳动者为自己劳动所创造的价值 V、劳动者为社会创造的价值 M。从理论上讲，成本是商品价值的组成部分，即 C+V。

### 知识链接

**广义的成本与狭义的成本**

广义的成本是指为实现一定目的而耗费的人力、物力、财力的货币表现。包括产品生产成本和为生产经营产品而发生的经营管理费用。企业为了达到一定的目的都要付出代价，发生各种耗费，这些耗费就是实现目标的成本，因此成本是各项成本计算对象的耗费。如企业购买固定资产，支付买价、运杂费、税金等各项资金耗费，把这些资金耗费按成本计算对象归集到所购买的固定资产上，就形成了固定资产的成本；企业生产产品必然要消耗材料、支付生产工人工资、发生厂房和机器设备折旧等耗费，把这些资金耗费按成本计算对象归集到所生产的产品中，就形成了产品生产成本。

狭义的成本是指制造业为生产一定种类和一定数量的产品所发生的各种耗费的货币表现，即指产品的生产成本或制造成本。凡是有经济活动和业务活动的地方，就必然有成本。不同企业由于生产经营活动的性质不同，因而成本的内容也不同，制造业的产品成本是典型的成本概念。

## 二、成本的分类

为了正确计算产品成本和期间费用，必须对工业企业的生产经营管理费用进行合理的分类，基本分类方法有以下两种：

### 1. 按经济内容分类

工业企业的生产经营管理费用，按其经济内容可划分为以下九个费用要素：

**（1）外购材料**

外购材料是指企业耗用的一切从外部购入的原料及主要材料、半成品、辅助材料、包装物、修理用备件、低值易耗品等。

**（2）外购燃料**

外购燃料是指企业耗用的一切从外部购入的燃料。

**（3）外购动力**

外购动力是指企业耗用的一切从外部购入的动力。

**（4）工资**

工资是指企业全部职工的工资。

**（5）职工福利费**

职工福利费是指企业按照职工工资的一定比例提取的职工福利费。

**（6）折旧费**

折旧费是指企业按照规定的折旧方法计算的固定资产折旧费。

**（7）利息费用**

利息费用是指企业应计入经营管理费用的银行借款利息费用减去利息收入后的净额。

**（8）税金**

税金是指企业计入经营管理费用的各种税金，包括房产税、车船使用税、印花税、土地使用税等。

**（9）其他支出**

其他支出是指企业发生的不属于以上各要素的费用，如邮电费、差旅费、租赁费等。

将工业企业的生产经营管理费用按其经济内容分类，可以了解企业在一定时期内发生哪些费用，数额是多少，从而能够分析各个时期各种费用的结构和水平。但这种分析不能说明生产经营管理费用的用途，因此对生产耗费是否节约、是否合理无法反映和分析。

### 2. 按经济用途分类

工业企业的各种费用按其经济用途分类，可分为生产经营管理费用和非生产经营管理费用两种。

生产经营管理费用又可分为计入产品成本的生产费用和不计入产品成本的经营管理费用。

#### （1）计入产品成本的生产费用

计入产品成本的生产费用按其经济用途可进一步划分为若干个成本项目。企业一般应设立以下三个成本项目：

1）直接材料。指直接用于产品生产、构成产品实体的原材料费用和燃料及动力费用等。

2）直接人工。指直接参加产品生产的生产工人工资及福利费等费用。

3）制造费用。指间接用于产品生产的各项费用，或虽直接用于产品生产，但不能直接计入产品成本，没有专设成本项目的费用。

企业可根据生产特点和管理要求对上述成本项目做适当调整。对于管理上需要单独反映、控制和考核以及在产品成本中所占比重较大的费用，应专设成本项目加以反映。如果废品损失在产品成本中所占比重较大，管理上需要对其进行控制和考核，应增设“废品损失”成本项目。

#### （2）不计入产品成本的经营管理费用

不计入产品成本的经营管理费用按其经济用途划分为销售费用、管理费用和财务费用。该费用直接结转当期损益，是成本反映和监督的重要内容。

## 三、成本的作用

成本在经济管理中十分重要，在市场竞争中也有举足轻重的作用，概括起来，主要有以下几个方面：

### 1. 产品成本是补偿生产耗费的尺度

企业为保证再生产的不断进行，生产产品、提供劳务过程中发生的各种耗费，必须从销售产品和提供劳务所取得的收入中得到补偿，而成本就是衡量这一补偿份额大小的量度。成本的高低反映了从销售收入中补偿份额的多少以及企业盈利的多少。如果企业的收入补偿不了生产耗费，再生产就不能按原有规模进

行。在产品销售收入和提供劳务收入保持不变的条件下，成本降低，企业实现的利润就多；成本上升，企业实现的利润就少，甚至发生亏损。

### 2. 产品成本是综合反映企业生产经营管理质量的重要指标

企业在生产经营管理中，各方面工作业绩的好坏，如产品产量的多少、产品质量的优劣、产品设计的好坏、费用开支的大小、产品产量的增减都会在产品成本这个指标中体现出来。因此，企业可以通过对成本的计划、控制、监督、考核和分析等来促进企业改善生产经营管理工作，尽可能降低成本，提高经济效益。

### 3. 成本是制定产品价格的重要依据

产品价格是产品价值的货币表现。人们不能直接、准确地计算产品的价值，而只能计算产品的成本。产品成本是产品价值的主要组成部分，其高低能反映产品价值量的大小，因而成本是制定产品价格的基础。

### 4. 产品成本是企业进行生产经营决策的重要依据

在市场经济条件下，市场竞争在很大程度上就是价格竞争，产品成本作为价格的主要组成部分，其高低是企业有无竞争能力的关键，即价格竞争的实际内容就是成本竞争，因此，企业要在市场竞争中处于不败之地，首先必须进行正确的生产经营决策，成本就是其中十分重要的依据。

# 第二节　成本会计概述

## 一、成本会计的概念

成本会计是基于商品经济条件下，以货币为主要计量单位，为求得产品的总成本和单位成本而核算全部生产成本和费用的会计活动，也是针对相关经济主体在产品生产经营过程中的成本耗费进行预测、决策、控制、核算、分析和考核的价值管理活动。

## 二、成本会计的职能

成本会计的职能，是指成本会计所具有的客观功能。现代成本会计一般具有以下八种职能：

### 1. 预测职能

成本预测是确定目标成本和选择达到目标成本最佳途径的重要手段，是进行成本决策和编制成本计划的基础。通过成本预测可以寻求降低产品成本，提高经济效益的途径，能够减少生产经营管理的盲目性。

### 2. 决策职能

成本决策是在成本预测的基础上，根据市场营销和产品功能分析，挖掘潜力，拟订降低成本、费用的各种方案，并采用一定的专门方法进行可行性研究和技术经济分析，选择最优方案，以确定目标成本。

### 3. 计划职能

成本计划是根据成本决策所确定的最优方案，具体规定企业在一定时期内为完成生产经营任务所要发生的各种生产耗费，以及为达到产品目标成本所需采取的各种措施。成本计划是成本控制的具体目标，做好成本计划工作，有利于企业员工明确降低成本的目标和挖掘降低成本的潜力。

### 4. 控制职能

成本控制是指根据成本计划（预算），制定各项消耗定额、费用定额、标准成本等，对各项实际发生和将要发生的成本费用进行审核，及时揭示执行过程中的差异，采取措施将成本费用控制在计划、预算之内。

### 5. 核算职能

成本核算是采用与成本计算对象相适应的成本计算方法，按规定的成本项目，通过一系列的生产费用的归集与分配，做出有关的账务处理，正确划分各种费用界限，从而计算出各种产品的实际总成本和单位成本，并编制成本报表，为成本管理提供客观、真实的成本资料。

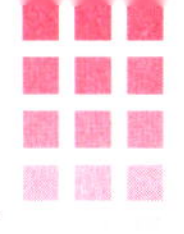



### 6. 分析职能

成本分析是指根据成本核算所提供的信息和其他有关资料，将本期实际成本与目标成本、国内和国外同类产品的成本等进行比较，分析成本水平与构成的变动情况，系统地研究影响成本费用升降的各种因素及其影响程度，成本超支、节约的责任或原因，并提出积极建议，以采取有效措施，进一步挖掘增产节约、降低产品成本的潜力。

### 7. 考核职能

成本考核是指定期对成本计划及有关指标实际完成情况进行总结和评价。在成本分析的基础上，以各责任者为对象，以其可控制的成本为界限，并按责任的归属来核算和考核其成本指标完成情况，评价其工作业绩和决定其奖惩。

### 8. 反馈职能

在考核的基础上，将成本数据向企业管理层进行反馈，以便做出更科学的修订、补充和完善，为下一个生产周期做出符合实际情况的判断。

上述各项职能相互联系、相互补充，构成一个有机的整体。成本预测是成本决策的前提；成本决策是成本预测的结果；成本计划是成本决策目标的具体化；成本控制是对成本计划的实施进行监督，是保证成本决策目标实现的重要措施；成本分析和考核为以后的预测和决策以及编制新的成本计划提供依据。

在成本会计的各项职能中，成本核算是最基本的职能，成本会计的其他职能都是在成本核算的基础上进行的，没有成本核算就没有成本会计。

## 第三节　成本核算的原则及要求

### 一、成本核算的原则

成本核算是进行成本管理的基础，在现代企业经济管理中起着重要的作用。为了做好成本核算工作，提高成本核算质量，充分发挥成本核算的作用，必须遵循下列原则：

### 1. 会计主体核算原则

成本核算应反映企业本身与生产产品有关的各项成本、费用及其他各种耗费。

### 2. 合法性原则

计入成本的费用必须符合法律、法令、制度等的规定，不合规定的费用不能计入成本。

### 3. 成本分期核算原则

企业在正常、持续经营的前提下，将成本核算期间划分成一个个会计期间，分期计算成本。成本核算的分期，必须与会计年度的分月、分季、分年相一致，以便于利润的计算。

### 4. 权责发生制原则

在成本核算中，成本、费用的确认以成本、费用是否实际发生及是否应由本期负担为标准，而不论其是否已经支付。

### 5. 一致性原则

成本核算的方法前后各期应保持一致，不能随意更改，以保持企业成本资料的可比性。

### 6. 及时性原则

成本核算应及时进行，不得提前或延后，从而及时提供有关成本的信息并正确计算盈亏。

### 7. 受益性原则

在分配生产费用时，应按照受益对象进行分配，谁受益谁负担，多受益多负担。

### 8. 重要性原则

成本核算中应区别会计事项的重要程度，采用不同的核算方式：对于成本有重大影响的项目应作为重点，力求精确，而对于那些不太重要的琐碎项目则可以从简处理。

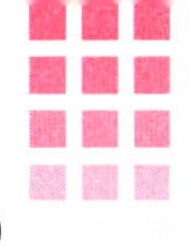



## 二、成本核算的要求

在成本会计工作中，成本核算是基础，是成本管理的一个重要环节。为了充分发挥成本核算的作用，及时、准确地为有关方面提供有用的成本信息，在成本核算中应贯彻以下要求：

### 1. 算管结合，算为管用

算管结合，就是成本核算应当与企业经营管理相结合。成本核算作为成本管理的组成内容，不应只对企业生产费用进行事后的记录和计算，还应在生产费用发生之前做好审核和控制：审核该项费用应不应该支出，是否符合计划或定额；应该支出的费用，应不应该计入产品成本，是否符合成本开支范围。

算为管用，是指成本核算要从管理的要求出发，提供的成本信息应当满足企业经营管理的需要。具体地讲，如何进行成本核算，计算什么产品的成本，是算得细一些还是粗一些，设置哪些会计科目等，都要考虑管理的要求。在满足管理需要的前提下，还应分清主次，区别对待，主要从细，次要从简，细而有用，简而有理。

### 2. 正确划分各种费用界限

#### （1）正确划分生产经营管理费用和非生产经营管理费用的界限

在工业企业日常生产经营管理活动中，用于产品生产和销售、用于组织和管理生产经营活动、用于筹集生产经营所需资金而发生的各种费用属于生产经营管理费用，应计入产品生产成本或期间费用。

购建固定资产、购买无形资产、对外投资等经济活动不是企业日常的生产经营管理活动，其发生的费用属于非生产经营管理费用，不应计入产品生产成本或期间费用。

此外，固定资产盘亏、毁损、报废清理等损失，以及由于自然灾害等非正常原因造成的财产损失，都不是由于日常的生产经营管理活动所造成的，都不应计入产品生产成本或期间费用。

#### （2）正确划分产品生产费用和期间费用的界限

企业日常生产经营活动中所发生的各种耗费，其用途和列支的项目也是不同的。用于产品生产的费用包括直接材料、直接人工和制造费用应计入产品成本。而本月发生的销售费用、管理费用和财务费用，作为经营管理费用应计入期间费用。分清生产费用和经营管理费用，关键在于分清生产成本中的制造费用和期间费用中的销售费用、管理费用之间的界限。因为这些费用中，有的费用名称、性质相同，容易在归属时混淆，如工资、职工福利费、折旧费、修理费等。

### （3）正确划分各个月份的费用界限

为了按月分析和考核产品成本和期间费用计划的完成情况，正确计算各月损益，还应将计入产品成本和期间费用的费用，按权责发生制原则，划分为应由本月负担的费用和应由其他各月负担的费用。

应由本月产品成本和期间费用负担的费用，应该全部计入本月产品成本和本月期间费用；本月发生，应由以后各月产品成本和期间费用负担的费用，应该计入待摊费用，分摊计入本月和以后各月的成本费用；本月虽然尚未发生，但应由本月产品成本和期间费用负担的费用，应计入预提费用。

### （4）正确划分各种产品的费用界限

工业企业必须分清各种产品成本的界限，应由本月产品成本负担的费用，还必须在各种产品之间进行划分。

凡能分清应由某种产品负担的费用，应直接计入这种产品的成本。

凡由几种产品共同耗用、无法直接分清的费用，则采取适当的分配方法进行分配后分别计入各种产品的成本。

### （5）正确划分完工产品和在产品的费用界限

工业企业必须分清在产品成本和产成品成本的界限，不得任意压低或提高在产品和产成品的成本。月末，将各项生产费用计入各种产品的成本以后，会有以下三种情况：

一是某种产品全部完工，其发生的生产费用全部相加，就是该种完工产品的成本。

二是某种产品未完工，那么其发生的各种生产费用之和，就是该种产品的月末在产品成本。

三是如果某种产品既有完工产品，又有尚在加工中的产品，还必须将为制造该种产品已经发生的生产费用，采用适当的分配方法在完工产品和在产品之间进行分配，以便计算完工产品和月末在产品成本。

正确划分以上五个方面的费用界限，在产品成本核算工作中占有相当重要的地位。费用划分的过程，也就是产品成本的计算和各项期间费用的归集过程。划分过程见表 1—1。

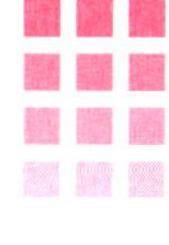



表 1—1　　　　正确划分各种费用的界限

<table>
<tr><td rowspan="7">费用</td><td colspan="5">非生产经营费用（购建固定资产、购买无形资产、对外投资等支出）</td></tr>
<tr><td rowspan="6">生产经营费用</td><td colspan="4">期间费用（销售费用、管理费用、财务费用）</td></tr>
<tr><td rowspan="5">产品生产费用</td><td colspan="3">下期成本费用（长期待摊费用）</td></tr>
<tr><td rowspan="4">本期成本费用</td><td rowspan="2">A 产品生产费用</td><td>完工产品费用</td></tr>
<tr><td>月末在产品费用</td></tr>
<tr><td rowspan="2">B 产品生产费用</td><td>完工产品费用</td></tr>
<tr><td>月末在产品费用</td></tr>
</table>

### 3. 正确确定财产物资的计价和价值结转方法

工业企业拥有的各种财产物资，其价值要随着生产经营过程中的耗费，逐渐地或一次性地转移到产品成本和期间费用中去。因此，对财产物资正确计价并正确结转其价值也是成本核算的要求。

财产物资的计价和价值结转对象主要有固定资产、原材料和低值易耗品等。对固定资产来说，计价和价值结转主要涉及固定资产原值的计算方法、折旧方法及固定资产的后续支出等。对原材料和低值易耗品来说，计价和价值结转主要涉及材料采购成本的组成内容、发出材料实际成本的计算确定、低值易耗品和包装物价值的摊销方法等。

为了正确计算成本和费用，对于这些财产物资的计价，应在取得时按照实际成本计量，价值结转方法也应结合本企业生产经营特点和管理要求采用既合理又适用的方法，且各种方法一经确定，不得随意变更，以防止出现人为调节成本和费用的错误做法。

### 4. 做好成本核算的基础工作

首先要求做好定额的制定和修订工作。企业耗用的材料、燃料、动力、工时消耗和费用开支等，都应制定定额或编制预算，以便在生产费用发生之前就加强审核和控制。制定和修订各种定额是进行成本审核、控制和正确进行核算的前提。

其次是要建立健全原始记录和材料物资的计量、收发、领退和盘点制度。对材料物资的收发、领退，半成品的内部转移和产成品的入库等，均应填制相应的凭证，经过一定的审批手续，并经过计量、验收或交接，防止任意领发和转移。库存的材料、半成品、产成品，车间的在产品和半成品，均应按照规定进行盘点，防止丢失、积压、毁损变质或被贪污盗窃，以保证账实相符，保证成本计算的正确性。

#### 5. 采用适当的成本计算方法

企业应当根据生产经营的特点和管理要求，确定适合本企业的成本核算对象、成本项目和成本计算方法。

## 第四节　成本核算程序和账户设置

### 一、成本核算程序

按照成本核算的要求，工业企业成本核算的一般程序包括以下内容：

#### 1. 确定成本计算对象

由于企业的生产工艺特点、管理水平、管理要求和规模大小的不同，成本计算对象也不相同。对于制造企业，成本计算对象有产品品种、产品批别、产品生产步骤三种。企业应根据自身生产经营的特点和管理要求选择适合本企业的成本计算对象。

#### 2. 确定成本项目

成本项目是指费用按经济用途划分成的若干项目。一般可确定直接材料、直接工资及福利费、制造费用三个成本项目。如果需要，可以适当调整，还可单设废品损失、停工损失、燃料和动力等成本项目。

#### 3. 确定成本计算期

成本计算期是指每次计算成本的间隔时间，即多长时间计算一次成本。成本计算期一般分为定期和不定期两种。通常在大量大批的情况下，每月都有一定的产品完工，应定期按月计算产品成本，即成本计算期与会计核算期一致。在成

批、单件生产的情况下，一般不要求定期按月计算产品成本，而是等一批产品完工后才去计算这批产品的成本，所以成本计算期与生产周期一致。

#### 4. 归集和分配生产费用

首先，必须对支出的费用进行审核和控制，确定该项费用是否应该开支，已开支的费用是否应该计入产品成本。其次，确定应计入本月产品成本的费用。最后，将应计入本月产品成本的各种费用在有关产品之间，按照成本项目进行归集和分配。

#### 5. 计算完工产品成本和月末在产品成本

对于月末既有完工产品又有月末在产品的产品，应采用适当的方法，把生产费用在其完工产品和月末在产品之间进行分配，分别求出完工产品和月末在产品的成本。

#### 6. 计算完工产品总成本和单位成本

在产品成本计算过程中，应编制成本计算单，将各完工产品成本从其明细账中转入成本计算单，并计算出单位成本。成本计算单上汇集了所有本月完工产品的总成本和单位成本。

### 二、成本核算账户设置

为了便于按照经济用途核算生产费用，分别计算各种产品的成本，工业企业一般设置“基本生产成本”“辅助生产成本”“制造费用”等成本类账户，进行成本的总分类核算及明细分类核算。

#### 1. “基本生产成本”账户

“基本生产成本”是用来核算企业基本生产车间所发生的各种生产费用和计算基本生产成本的账户。借方登记企业为进行产品生产而发生的各种费用，贷方登记转出的完工产品成本，余额在借方，表示在产品成本。该账户应按产品品种等成本计算对象设置产品成本明细账，账内按产品成本项目分设专栏或专行。其格式见表 1—2、表 1—3。

表 1—2　　产品成本明细账

产品：水果醋　　20××年12月31日　　完工数量：60,000支

| 项目 | 直接材料 | 直接人工 | 制造费用 | 合计 |
|---|---|---|---|---|
| 月初在产品成本 | 40,000 | 5,000 | 2,500 | 47,500 |
| 本月生产费用 | 107,000 | 10,600 | 5,300 | 122,900 |
| 本月合计 | 147,000 | 15,600 | 7,800 | 170,400 |
| 完工产品成本 | 126,000 | 14,400 | 7,200 | 147,600 |
| 单位成本 | 2.10 | 0.24 | 0.12 | 2.46 |
| 月末在产品约当产量 | 10,000 | 5,000 | 5,000 | |
| 月末在产品成本 | 21,000 | 1,200 | 600 | 22,800 |

表 1—3　　产品成本明细账

产品：陈醋　　20××年12月31日　　完工数量：50,000支

| 项目 | 月初在产品成本 | 本月生产费用 | 本月合计 | 完工产品成本 | 单位成本 | 月末在产品约当产量 | 月末在产品成本 |
|---|---|---|---|---|---|---|---|
| 直接材料 | 21,500 | 53,900 | 75,400 | 65,000 | 1.30 | 8,000 | 10,400 |
| 直接人工 | 4,420 | 4,760 | 9,180 | 8,500 | 0.17 | 4,000 | 680 |
| 制造费用 | 2,520 | 6,660 | 9,180 | 8,500 | 0.17 | 4,000 | 680 |
| 合计 | 28,440 | 65,320 | 93,760 | 82,000 | 1.64 | | 11,760 |

上列产品明细账上虽然没有标明借方、贷方和余额，但其基本结构不外乎这三部分。其中，月初在产品成本为“基本生产成本”账户月初借方余额，系上月末在产品转来；本月生产费用为“基本生产成本”账户本月借方发生额，根据本月各项费用分配表登记；完工产品成本为“基本生产成本”账户本月贷方发生额，根据本月完工入库产品的实际成本登记；月末在产品成本为“基本生产成本”科目月末借方余额。

### 2. “辅助生产成本”账户

“辅助生产成本”是用来核算企业辅助生产车间所发生的各种生产费用和计算辅助生产所提供的产品或劳务成本的账户。借方登记为进行辅助生产而发生的各种费用，贷方登记完工入库产品的成本或分配转出的劳务成本，余额在借方，表示辅助生产在产品的成本。该账户应按辅助生产车间和生产的产品、劳务分设

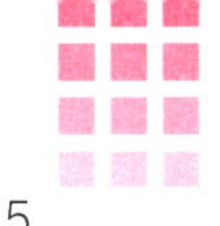



辅助生产成本明细账，账内按辅助生产的成本项目或费用项目分设专栏或专行，进行明细核算。

### 3. “制造费用”账户

“制造费用”是用来核算企业基本生产车间为生产产品和提供劳务而发生的各项间接费用的账户。借方登记实际发生的制造费用，贷方登记分配转出的制造费用，月末一般无余额。该账户应按车间设置明细分类账，账内按费用项目设立专栏进行明细核算。

为了归集和结转产品销售费用、管理费用和财务费用，应该分别设立“销售费用”“管理费用”和“财务费用”总账账户。

为了归集和分配跨期摊提费用，还应分别设立“预付账款”和“其他应付款”总账账户。企业如果单独核算停工损失和废品损失，还可以增设“停工损失”和“废品损失”总账账户。

**知识链接**

#### 停工损失和废品损失

企业发生停工的原因多种多样，如停电、待料、机械故障、机器设备修理、发生非常灾害以及计划压缩产量等，都可能引起停工。停工损失主要包括在停工时间所支付的生产工人工资，按工资额计提的职工福利费，以及应负担的制造费用等。停工可分为计划内停工和计划外停工，计划内停工是按计划规定停工，计划外停工是因各种事故意外造成的停工。企业在停工期间所发生的计划内停工损失应由开工生产的产品负担，计入产品生产成本；计划外停工损失计入当期损益，即管理费用或营业外支出。

废品损失是指在生产过程中发现的、入库后发现的不可修复废品的生产成本，以及可修复废品的修复费用，扣除回收的废品残料价值和应收赔款以后的损失。废品净损失，应该全部归由本期完工的同种产品成本负担。

## 思考题

1. 狭义成本的含义是什么?
2. 成本的作用有哪些?

3. 成本核算与成本会计有什么关系?
4. 怎样进行成本核算工作才算是符合规范呢?
5. 为了正确计算产品成本和期间费用，需要划分哪些费用的界限?
6. 在会计工作中，我们应该设置哪些会计科目表现成本核算工作?

# 第二章
# 材料采购成本核算

学习目标

1. 了解材料的常见分类及应用举例。
2. 掌握材料成本的构成内容。
3. 能运用实际成本法和计划成本法解决成本核算问题。

材料采购成本是指企业从外部购入原材料等所实际发生的全部支出，包括购入材料支付的买价和采购费用，如材料购入过程中的运输费、装卸费、保险费，运输途中的合理损耗，入库前的整理挑选费等。成本核算实务中一般采用实际成本法和计划成本法进行材料采购成本的核算。

# 第一节　材料的分类及成本构成

## 一、材料的分类

材料是企业的劳动对象，是一般工业企业组织正常生产经营活动的基础。按照材料在生产经营中的作用，可将材料分为原料及主要材料、辅助材料、包装物、燃料、修理用备件及低值易耗品等（见表 2—1）。

表 2—1　　材料的分类

| 类别 | 定义表述 | 应用举例 |
| --- | --- | --- |
| 原料及主要材料 | 经过生产加工后构成产品实体或主要成分的各种原料和材料 | 纺纱用的原棉、制造机器用的钢材 |
| 辅助材料 | 直接用于生产过程、有助于产品形成、为产品生产创造条件但不构成产品实体的材料 | 化学反应的催化剂、防腐用的油漆 |
| 包装物 | 为包装本企业产品，并准备随产品一起出售，或在销售过程中租借给购货单位使用的包装用物品 | 桶、箱、坛、袋、瓶 |
| 燃料 | 在生产过程中用来燃烧发热的各种材料，包括各种固定燃料、液体燃料和气体燃料 | 煤、汽油、天然气 |
| 修理用备件 | 为修理本企业各种机器和运输设备所专用的各种备品配件 | 齿轮、阀门、轴承 |
| 低值易耗品 | 单位价值较低，容易耗用的各种工具、管理用具、玻璃器皿以及劳动防护用品等 | 工具、用具、器皿 |

## 二、材料成本的构成

材料成本是以企业取得或加工生产该种材料所发生的实际支出为基础来计算的。由于企业材料来源不同，其成本构成的具体内容也有差异。按材料来源不同，可将材料分为外购材料、自制材料、委托加工材料三种形式。其中，外购是企业取得材料的最重要形式。

外购材料采购成本公式如下：

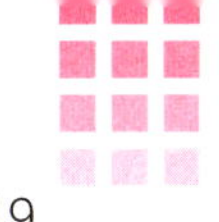



外购材料采购成本 = 买价 + 采购费用

买价是指销货单位开出的发票价格。进口材料的买价是指材料物资清单的标注价格及进口加成费，可直接计入相关材料的采购成本。

采购费用是指材料的采购过程中的运杂费（包装、运输、装卸、搬运、保险、仓储等费用）、运输途中的合理损耗、入库前的整理挑选费用、相关税金及其他费用等。

同时购进多种材料发生的共同性采购费用，应当采用合适的方法进行分配。

## 知识链接

### 不同类型材料成本构成

1. 外购材料的成本

主要包括购买价款、相关税费、运输费、装卸费、保险费、运输过程中的合理损耗、入库前的整理挑选费用等其他可归属于采购成本的费用。

2. 投资者投入材料的成本

投资者投入材料的成本应当按照投资合同或协议约定的价值确定，但合同或协议约定价值不公允的除外。在投资合同或协议约定价值不公允的情况下，按照该项投入材料的公允价值作为其入账价值。

3. 盘盈存货的成本

盘盈的存货应按其重置成本作为入账价值。

4. 其他方式取得的材料成本

其他方式取得材料，主要包括接受投资者投资、非货币性资产交换、债务重组、企业合并等，在进行初始计量时一般按照公允价值模式计量，有特殊规定的除外。

注意：下列费用不应当计入材料成本，而应当在发生时计入当期损益：

- 非正常消耗的直接材料、直接人工及制造费用。
- 企业在采购入库后发生的存储费用，应计入当期损益。但是，在生产过程中，为达到下一个生产阶段所必需的仓储费，应计入材料成本。
- 不能归属于使材料达到目前场所和状态的其他支出。

# 第二节 实际成本法核算

## 一、账户设置

### 1. “原材料”账户

“原材料”是资产类账户，用于核算库存各种材料的收发与结存情况。在原材料按实际成本核算时，该账户的借方登记入库材料的实际成本，贷方登记发出材料的实际成本，期末余额在借方，反映企业库存材料的实际成本。

### 2. “在途物资”账户

“在途物资”是资产类账户，用于核算企业采用实际成本（进价）进行材料、商品以及货款已付尚未验收入库的各种物资（即在途物资）的采购成本，账户应按供应单位和物资品种进行明细核算。该账户的借方登记企业购入的在途物资的实际成本，贷方登记验收入库的在途物资的实际成本，期末余额在借方，反映企业在途物资的采购成本。

### 3. “应付账款”账户

“应付账款”是负债类账户，用于核算企业因购买材料、物资或接受劳务供应应支付给供应者的账款。该账户的贷方登记企业购买材料、物资及接受劳务供应应付但尚未付的款项，借方登记偿还的应付账款和以商业汇票抵付的应付账款，期末贷方余额表示尚未支付的应付款项。该账户应按供应单位设置明细账，以进行明细分类核算。

### 4. “预付账款”账户

“预付账款”是资产类账户，用于核算企业按照购货合同的规定，预先以货币资金或货币等价物支付供应单位的款项。该账户借方登记企业向供应单位预付的货款，贷方登记企业收到所购物品应结转的预付货款，期末借方余额反映企业向供应单位预付而尚未发出货物的预付货款，期末贷方余额反映企业尚

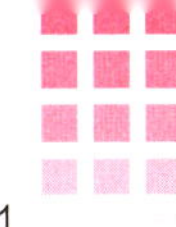



未补付获得商品和劳务的款项。该账户应按购货单位设置明细账，进行明细核算。预付账款情况不多的企业，也可以将预付的款项直接记入“应付账款”的借方。

### 5. “应交税费”账户

“应交税费”是负债类账户，用于核算企业根据在一定时期内取得的营业收入、实现的利润等，按照现行税法规定，采用一定的计税方法计提的应交纳的各种税费。该账户贷方登记应交纳的各种税费，借方登记已交纳的各种税费，期末贷方余额反映尚未交纳的税费，期末如为借方余额，则反映多交或尚未抵扣的税费。该账户按税种进行明细核算。其中“应交增值税”账户下设“进项税额”“销项税额”等二级明细账户，一般“进项税额”的发生额在借方，反映企业购进货物或接受应税劳务支付的进项税额；“销项税额”的发生额在贷方，反映企业销售货物或提供应税劳务应交纳的销项税额。

### 6. “银行存款”账户

“银行存款”是资产类账户，用于核算企业存放在银行的货币资金。该账户的借方反映企业存款的增加，贷方反映企业存款的减少，期末借方余额反映企业期末存款的余额。

### 7. “库存现金”账户

“库存现金”是资产类账户，用于核算企业为了满足经营过程中零星支付需要而保留的现金。该账户借方反映库存现金的收入，贷方反映库存现金的支出，期末借方余额表示库存现金的余额。

### 8. “其他货币资金”账户

“其他货币资金”是资产类账户，用于核算企业除库存现金和银行存款以外的其他各种货币资金，即存放地点和用途均与库存现金和银行存款不同的货币资金。包括外埠存款、银行汇票存款、银行本票存款、信用卡存款、信用证保证金存款和存出投资款等。该账户借方登记企业增加的其他货币资金，贷方登记减少的其他货币资金，账户期末借方余额反映企业持有的其他货币资金数量。

## 二、账务处理

购入材料由于支付方式不同，原材料入库的时间与付款的时间可能一致，也可能不一致，在会计处理上也有所不同。

### 1. 发票账单与材料同时到达

借：原材料

　　应交税费——应交增值税（进项税额）

　　贷：银行存款 / 其他货币资金

### 2. 发票已到，材料未到

#### （1）购入

借：在途物资

　　应交税费——应交增值税（进项税额）

　　贷：银行存款

#### （2）入库

借：原材料

　　贷：在途物资

### 3. 材料已到，发票账单未到

借：原材料

　　贷：应付账款（月末，按照材料的估计价值入账）

下月初做相反分录冲回。

### 4. 采用预付货款的方式采购材料

#### （1）预付货款

借：预付账款

　　贷：银行存款

#### （2）收到货物

借：原材料

　　应交税费——应交增值税（进项税额）

　　贷：预付账款

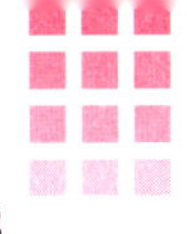



（3）补付货款

借：预付账款

　　贷：银行存款

（4）收到退回的多预付款项

借：银行存款

　　贷：预付账款

【例 2—1】誉城公司为增值税一般纳税人，采用实际成本法核算材料成本。2019 年 4 月发生如下材料采购业务：

4 月 2 日，购入甲材料一批，材料已验收入库，取得增值税专用发票，总价款 117.1 万元，其中材料价款 100 万元，运输费 1 万元，增值税 16.1 万元，款未付。

4 月 6 日，预付供应商一笔乙材料货款 60 万元，4 月 10 日收到供应商开具的增值税专用发票，实际价款 80 万元，增值税 12.8 万元，4 月 12 日乙材料验收入库并于当日结清款项。

账务处理如下（单位：万元）：

（1）4 月 2 日购入甲材料

借：原材料——甲材料　　101

　　应交税费——应交增值税（进项税额）　　16.1

　　贷：应付账款　　117.1

（2）4 月 6 日预付货款

借：预付账款　　60

　　贷：银行存款　　60

（3）4 月 10 日收到发票

借：在途物资——乙材料　　80

　　应交税费——应交增值税（进项税额）　　12.8

　　贷：预付账款　　92.8

（4）4 月 12 日材料入库

借：原材料——乙材料　　80

　　贷：在途物资——乙材料　　80

（5）4 月 12 日结清款项

借：预付账款　　32.8

　　贷：银行存款　　32.8

# 第三节　计划成本法核算

## 一、账户设置

### 1. “原材料”账户

在计划成本法下，原材料借方登记入库材料的计划成本（关键点），贷方登记发出材料的计划成本（关键点），期末余额在借方，反映企业库存材料的计划成本。

### 2. “材料采购”账户

借方登记采购材料的实际成本，贷方登记入库材料的计划成本（或实际成本）。借方大于贷方表示超支，从该账户贷方转入“材料成本差异”账户的借方；贷方大于借方表示节约，从该账户借方转入“材料成本差异”账户的贷方；期末为借方余额，反映企业在途材料的采购成本。

### 3. “材料成本差异”账户

该账户反映企业已入库各种材料的实际成本与计划成本的差异，借方登记超支差异及发出材料应负担的节约差异，贷方登记节约差异及发出材料应负担的超支差异。期末如为借方余额，反映企业库存材料实际成本大于计划成本的差异（即超支差异）；如为贷方余额，反映企业库存材料实际成本小于计划成本的差异（即节约差异）。

其他账户应用同实际成本法核算。

## 二、账务处理

### 1. 若实际成本大于计划成本

借：原材料（计划成本）

　　材料成本差异（超支）

　　贷：材料采购（实际价成本）

### 2. 若实际成本小于计划成本

借：原材料（计划成本）

　　贷：材料采购（实际价成本）

　　　　材料成本差异（节约）

注：发出材料应负担的材料成本节约差异的会计分录为：借记“材料成本差异”账户，贷记“生产成本”等账户。发出材料应负担的材料成本超支差异的会计分录为：借记“生产成本”等账户，贷记“材料成本差异”账户。

本期材料成本差异率 =（期初结存材料的成本差异 + 本期验收入库材料的成本差异）÷（期初结存材料的计划成本 + 本期验收入库材料的计划成本）×100%

期初材料成本差异率 = 期初结存材料的成本差异 ÷ 期初结存材料的计划成本 ×100%

发出材料应负担的成本差异 = 发出材料的计划成本 × 本期材料成本差异率

原材料实际成本 =“原材料”账户借方余额 +“材料成本差异”账户借方余额（或 –“材料成本差异”账户贷方余额）

**【例 2—2】**誉城公司对材料采用计划成本法核算。2018 年 12 月 1 日，结存材料的计划成本为 400 万元，材料成本差异贷方余额为 6 万元；本月入库材料的计划成本为 2,000 万元，材料成本差异借方发生额为 12 万元；本月发出材料的计划成本为 1,600 万元。该企业 2018 年 12 月 31 日结存材料的实际成本为 802 万元。

解析：材料成本差异率 =（–6+12）÷（400+2,000）×100%=0.25%，2018 年 12 月 31 日结存材料的实际成本 =（400+2,000–1,600）×（1+0.25%）=802（万元）。

**【例 2—3】**2018 年 1 月 8 日，A 公司购入甲材料一批，货款 300,000 元，增值税 48,000 元，发票账单已收到，计划成本为 280,000 元，材料已验收入库，款未付，则会计分录如下：

（1）借：材料采购　　300,000

　　　　应交税费——应交增值税（进项税额）　　48,000

　　　　贷：应付账款　　348,000

（2）借：原材料　　280,000

　　　　材料成本差异　　20,000

　　　　贷：材料采购　　300,000

## 知识链接

### 实际成本法与计划成本法的区别

实际成本法与计划成本法的区别主要有两点：

1. 账户使用不同

实际成本法，在途货物使用“在途物资”账户核算；计划成本法，在途货物使用“材料采购”账户核算，同时实际成本和计划成本之间的差额记入“材料成本差异”账户。

2. 计量金额不同

计入成本费用时，实际成本法下实际成本可以直接转入；计划成本法首先要将计划成本转入，然后再将“材料成本差异”转入相关的成本费用中去。

## 思考题

1. 材料可以分为几种类型？请举例说明。
2. 实际成本法和计划成本法核算的区别点有哪些？
3. 材料采购成本构成是如何确定的？
4. 材料成本差异借贷方各表示什么意思？
5. 实际成本法需要设置哪些会计账户？请解释各账户的适用情形。
6. 计划成本如何换算成实际成本？

# 第三章 生产成本核算

## 学习目标

1. 掌握材料费用、职工薪酬、制造费用及辅助车间费用的核算方法。
2. 掌握材料费用、职工薪酬、制造费用及辅助车间费用的账务处理。
3. 理解停工损失与废品的内容。
4. 掌握生产费用在完工产品与在产品之间的分配方法和适用条件。

生产成本是企业在生产过程中发生的各项生产费用，是企业为获得收入预先垫支并需要得到补偿的资金耗费。产品生产成本由产品耗费的材料费用、职工薪酬、辅助费用和生产损失等构成，不包括企业发生的没有对象化期间的费用支出。如果期末存在完工产品和在产品，还需要将发生的生产成本在完工产品和在产品之间进行分配。

# 第一节　材料费用核算

## 一、材料费用核算概述

### 1. 材料的分类

材料按其在生产过程中的用途可分为原材料及主要材料、辅助材料、外购半成品、燃料、修理用备件、周转材料等。

### 2. 账户设置

应相应设置“原材料”“燃料”“周转材料”（也可分设“周转材料——包装物”“周转材料——低值易耗品”）等账户。

### 3. 材料的计量与计价

#### （1）材料消耗的原始记录

领用材料的原始凭证主要有领料单、限额领料单、领料登记表、退料单等。

#### （2）材料消耗量的计算

发出材料数量的确定方法有永续盘存制和实地盘存制两种。

在永续盘存制下，材料的购入、发出、结存均逐笔登记入账，又称为账面结存制。其计算公式如下：

期末结存量 = 期初结存量 + 本期购入量 − 本期消耗量

在实地盘存制下，平时只登记材料的购入，发出不入账，当期材料消耗量通过期末盘点后倒挤算出。其计算公式如下：

本期耗用量 = 期初结存量 + 本期购入量 − 期末结存量

#### （3）消耗材料的计价

1）材料按计划成本计价

账户设置：“原材料”“材料采购”和“材料成本差异”。

材料实际成本、计划成本与成本差异的计算公式分别为：

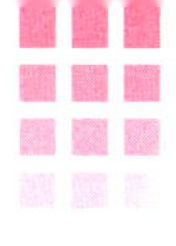



发出材料实际成本 = 发出材料计划成本 + 发出材料应负担的成本差异

发出材料计划成本 = 材料实际消耗量 × 单位计划成本

材料成本差异率 = 材料成本总差异 ÷ 材料总计划成本 ×100%

发出材料应负担的成本差异 = 发出材料计划成本 × 材料成本差异率

2）材料按实际成本计价

账户设置："原材料"和"在途物资"。

材料一般分批分次购入，因其单价并不一致，发出材料的成本可采用以下方法计算确定：先进先出法、全月一次加权平均法、移动加权平均法、个别认定法等。

## 二、材料费用的分配核算

材料费用的分配，就是按照材料用途把费用计入相关产品的成本中去。材料费用的分配方法主要有按质量比例分配、按体积比例分配、按定额耗用量比例分配、按定额费用比例分配等。

### 1. 按质量、体积比例分配

在材料费用的耗用与产品的质量或体积相关性较强的情况下，材料费用应按产品的质量比例或体积比例分配。其计算公式如下：

材料费用分配率 = 各种材料实际费用总额 ÷ 各种产品质量（或体积）之和

某种产品分配负担的材料费用 = 该种产品质量（或体积）× 材料费用分配率

【例 3—1】假定生产 A、B 两种产品领用主要材料 483 kg，每千克计划单价 100 元，共计 48,300 元。A 产品的实际产量为 20 件，每件质量为 150 kg；B 产品实际产量为 30 件，每件质量为 400 kg。现按产品质量比例分配 A、B 两种产品共同耗用的材料费用，具体见表 3—1。

表 3—1 共同耗用材料费用分配表

20×× 年 3 月 31 日

| 产品 | 实际产量（件） | 单位产品质量（kg） | 总质量（kg） | 分配率 | 分配费用（元） |
|---|---|---|---|---|---|
| ① | ② | ③ | ④ = ② × ③ | ⑤ = ⑥ ÷ ④ | ⑥ = ④ × ⑤ |
| A | 20 | 150 | 3,000 | 3.22 | 9,660 |
| B | 30 | 400 | 12,000 | 3.22 | 38,640 |
| 合计 | | | 15,000 | | 48,300 |

材料消耗量分配率 =48,300 ÷ 15,000=3.22

### 2. 按定额耗用量比例分配

在材料消耗定额比较准确的情况下，原料和主要材料费用也可以按照产品的材料定额消耗量的比例进行分配。消耗定额是指单位产品可以消耗的数量限额，定额消耗量是指一定产量下按照消耗定额计算的可以消耗的数量。其计算公式如下：

定额耗用量 = 产品产量 × 单位产品消耗定额

单位产品费用定额 = 单位产品消耗定额 × 材料的计划单价

定额费用 = 产品产量 × 单位产品费用定额

或 = 定额耗用量 × 材料的计划单价

直接用于产品生产、有助于产品形成的辅助材料，如果是直接计入费用，应该直接记入各种产品成本的“直接材料”项目。但在一般情况下，辅助材料属于几种产品共同耗用的间接费用，需要采用间接分配的方法分配。对于耗用在原料和主要材料上的辅助材料，例如油漆、染料、电镀材料等，应按原料和主要材料耗用量的比例分配；对于与产品产量直接有联系的辅助材料，例如某些包装材料，可按产品产量比例分配。在辅助材料消耗定额比较准确的情况下，也可按照产品定额消耗量或定额费用的比例分配辅助材料费用。

按材料定额消耗量比例分配材料费用的计算公式如下：

某种产品材料定额消耗量 = 该种产品实际产量 × 单位产品材料消耗定额

材料消耗定额分配率 = 材料实际消耗量 ÷ 各种产品材料定额消耗量之和

某种产品应分配材料数量 = 该种产品材料定额消耗量 × 材料消耗定额分配率

某种产品应分配材料费用 = 该种产品应分配材料数量 × 材料单价

【例 3—2】假定生产 A、B 两种产品领用主要材料 483 kg，每千克计划单价 100 元，共计 48,300 元。A 产品的实际产量为 20 件，单位消耗定额为 80 kg；B 产品实际产量为 30 件，单位消耗定额为 100 kg。现按定额耗用量比例分配 A、B 两种产品共同耗用的材料费用，具体见表 3—2。

表 3—2　　共同耗用材料费用分配表

20× × 年 3 月 31 日

| 产品 | 实际产量（件） | 单位消耗定额（kg） | 总定额耗用量（kg） | 分配率 | 分配费用（元） |
|---|---|---|---|---|---|
| ① | ② | ③ | ④ = ② × ③ | ⑤ = ⑥ ÷ ④ | ⑥ = ④ × ⑤ |
| A | 20 | 80 | 1,600 | 10.5 | 16,800 |

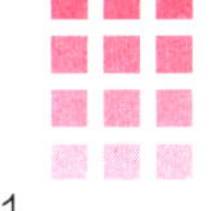



续表

| 产品 | 实际产量（件） | 单位消耗定额（kg） | 总定额耗用量（kg） | 分配率 | 分配费用（元） |
|---|---|---|---|---|---|
| B | 30 | 100 | 3,000 | 10.5 | 31,500 |
| 合计 | | | 4,600 | | 48,300 |

材料费用分配率 = 48,300 ÷ 4,600 = 10.5

### 3. 按定额费用比例分配

在各种产品共同耗用原材料的种类较多的情况下，为了进一步简化分配计算工作，可以按照各种材料的定额费用比例分配材料实际费用。

费用定额和定额费用是消耗定额和定额消耗量的货币表现，其计算公式如下：

单位产品费用定额 = 单位产品消耗定额 × 材料的计划单价

定额费用 = 产品产量 × 单位产品费用定额

或 = 定额耗用量 × 材料的计划单价

按定额费用分配的计算公式如下：

某种产品某种材料定额费用 = 该种产品实际产量 × 单位产品该种材料费用定额

材料费用分配率 = 各种材料实际费用总额 ÷ 各种产品各种材料定额费用之和

某种产品分配负担的材料费用 = 该种产品各种材料定额费用之和 × 材料费用分配率

【例 3—3】假定生产甲、乙两种产品领用 A、B 两种主要材料，共计 59,950 元。本月投产甲产品 200 件，乙种产品 100 件。甲产品的材料消耗定额：A 材料 5 kg，B 材料 8 kg；乙产品的材料消耗定额：A 材料 7 kg，B 材料 9 kg。A、B 两种材料的计划单价分别为 10 元和 15 元，分配计算见表 3—3。

表 3—3　　共同耗用材料费用分配表

20×× 年 3 月 31 日

| 产品 | 实际产量（件） | 单位产品费用定额（元） | 总定额费用（元） | 分配率 | 分配费用（元） |
|---|---|---|---|---|---|
| ① | ② | ③ | ④ = ② × ③ | ⑤ = ⑥ ÷ ④ | ⑥ |
| 甲 | 200 | 170 | 34,000 | 1.1 | 37,400 |
| 乙 | 100 | 205 | 20,500 | 1.1 | 22,550 |
| 合计 | | | 54,500 | | 59,950 |

材料费用分配率 =59,950 ÷ 54,500=1.1

## 三、材料费用的账务处理

凡属产品生产直接耗用的材料费用应尽可能直接计入有关产品的成本，直接记入“基本生产成本”账户的“直接材料”项目。

凡是几种产品共同耗用的材料费用，在领用时无法确定每种产品的耗用量，则需要按照一定的标准在各种产品之间进行分配，然后分别记入各有关产品的“直接材料”项目：对于生产车间中几种产品共同耗用的辅助材料、机物料等，不能视为直接材料费用，对这部分费用，先按照车间或部门归集，记入“制造费用”账户，再分配计入有关产品成本；对用于产品销售以及组织和管理生产经营活动的材料费用，记入“销售费用”账户和“管理费用”账户有关的费用项目；对于建造固定资产的材料费用，记入“在建工程”账户等。

在实际工作中，原材料费用的分配是通过原材料费用分配表进行的。这种分配表应根据领、退料凭证和有关资料编制。其中退料凭证数额可以从相应的领料凭证数额中扣除。

【例 3—4】誉城公司原材料费用分配见表 3—4。

表 3—4 原材料费用分配表

誉城公司 20××年 3 月 单位：元

| 应借科目 | | 成本费用项目 | 直接计入 | 分配计入（分配率 1.1） | | 原材料费用合计 |
|---|---|---|---|---|---|---|
| | | | | 定额费用 | 分配金额 | |
| 基本生产成本 | 甲产品 | 直接材料 | 82,000 | 34,000 | 40,800 | 122,800 |
| | 乙产品 | 直接材料 | 56,000 | 20,500 | 24,600 | 80,600 |
| | 小计 | | 138,000 | 54,500 | 65,400 | 203,400 |
| 辅助生产成本 | 机修车间 | 直接材料 | 19,000 | | | 19,000 |
| | 运输车间 | | | | | |
| | 小计 | | 19,000 | | | 19,000 |
| 制造费用 | 基本生产车间 | 机物料 | 6,100 | | | 6,100 |
| | 机修车间 | 机物料 | 3,200 | | | 3,200 |
| | 运输车间 | 机物料 | 1,000 | | | 1,000 |
| | 小计 | | 10,300 | | | 10,300 |
| 销售费用 | | 包装费 | 2,510 | | | 2,510 |

续表

| 应借科目 | 成本费用项目 | 直接计入 | 分配计入（分配率 1.1） | | 原材料费用合计 |
|---|---|---|---|---|---|
| | | | 定额费用 | 分配金额 | |
| 管理费用 | 其他 | 1,680 | | | 1,680 |
| 在建工程 | 材料费 | 3,210 | | | 3,210 |
| 合计 | | 174,700 | | 65,400 | 240,100 |

间接计入材料费用分配率 =59,950 ÷ 54,500=1.1

根据表 3—4，可以编制会计分录如下：

借：基本生产成本——甲产品 122,800

——乙产品 80,600

辅助生产成本——机修车间 19,000

制造费用——基本生产车间 6,100

——机修车间 3,200

——运输车间 1,000

销售费用 2,510

管理费用 1,680

在建工程 3,210

贷：原材料 240,100

## 第二节 职工薪酬核算

职工薪酬是企业为获得职工提供的服务而给予的各种形式的报酬以及其他相关支出，是企业的成本费用。进行职工薪酬核算，应审核企业应付给职工的各项薪酬是否符合国家有关规定，同时对发生的薪酬进行合理分配。

### 一、职工薪酬的组成

具体而言，职工薪酬主要包括以下几方面的内容：

### 1. 职工工资、奖金、津贴和补贴

职工工资、奖金、津贴和补贴是指按照国家统计局《关于职工工资总额组成的规定》列支的薪酬项目。包括计时工资、计件工资、支付给职工的超额劳动报酬和增收节支的劳动报酬、为了补偿职工特殊或额外的劳动消耗和因其他特殊原因支付给职工的津贴，以及为了保证职工工资水平不受物价影响支付给职工的物价补贴等。企业在职工因病、工伤、产假、计划生育假、婚丧假、事假、探亲假、定期休假、停止学习、执行国家或社会义务等特殊情况下，按照计时工资或计件工资标准等以一定比例支付的工资，也属于职工工资范畴，在职工休假或缺勤时，不应当从工资中扣除。

### 2. 职工福利费

职工福利费是指企业为职工集体提供的福利，如补助生活困难职工等。

### 3. 社会保险费和住房公积金

社会保险费是指企业按照国家规定的基准和比例计算，向社会保险经办机构缴纳的医疗保险金、基本养老保险金、失业保险金、工伤保险费和生育保险费，以及根据《企业年金试行办法》《企业年金基金管理试行办法》等相关规定，向有关单位（企业年金基金账户管理人）缴纳的补充养老保险费。此外，以商业保险形式提供给职工的各种保险待遇也属于企业提供的职工薪酬。

住房公积金是指企业按照国家《住房公积金管理条例》规定的基准和比例计算，向住房公积金管理机构缴存的住房公积金。

### 4. 工会经费和职工教育经费

工会经费和职工教育经费是指企业为了改善职工文化生活、提高职工业务素质，根据国家规定的基准和比例，从成本费用中提取的用于开展工会活动和职工教育以及职业技能培训的金额。

### 5. 非货币性福利

非货币性福利是指包括企业以自己的产品或其他有形资产发放给职工作为福利、向职工提供无偿使用自己拥有的资产（如提供给企业高级管理人员的汽车、住房等）、为职工无偿提供商品或类似医疗保健等服务。

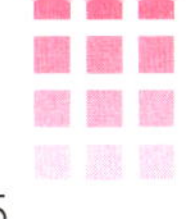



### 6. 其他职工薪酬

其他职工薪酬包括辞退福利以及长期职工薪酬等。

在进行职工薪酬费用核算时，应划清工资总额组成与非工资总额组成的界限。例如，为生产工人购买劳动保护用品的支出属于劳动保护费，应作为制造费用计入产品成本；又如职员出差的伙食补助和误餐补助，以及职工市内交通补助（属于差旅费），应作为期间费用开支。这些款项，有的虽然随同工资发给职工，但都不属于工资总额的组成内容，不应计为工资费用。

## 二、职工薪酬费用的分配核算

职工薪酬费用的分配，是指将企业职工的工资、福利等薪酬，作为一种费用，按照一定的标准将其分配计入各种产品成本、期间费用中。

直接进行产品生产的生产工人薪酬，专门设有“直接人工”成本项目。其中计件工资属于直接计入费用，应根据职工薪酬结算凭证直接计入某种产品成本的成本项目；计时工资一般属于间接计入费用，应按产品的生产工时（实际工时）比例，分配计入各有关产品成本的成本项目；奖金、津贴和补贴，以及特殊情况下支付的工资等，一般也属于间接计入费用，可按生产工时等比例，分配计入各有关产品成本的成本项目。分配计算公式如下：

生产薪酬费用分配率 = 各种产品生产薪酬总额 ÷ 各种产品生产工时之和

某种产品应分配的生产薪酬 = 该种产品生产工时 × 生产薪酬费用分配率

如果取得各种产品的实际生产工时数据比较困难，但各种产品的单件工时定额比较准确，也可以按产品的定额工时比例分配薪酬费用。其分配计算公式如下：

某种产品耗用的定额工时 = 该种产品投产量 × 单位产品工时定额

生产薪酬费用分配率 = 各种产品薪酬总额 ÷ 各种产品定额工时之和

某种产品应分配的生产薪酬 = 该种产品定额工时 × 生产薪酬费用分配率

【例 3—5】誉城公司基本生产车间 A、B 两种产品，应付生产工人薪酬（包括计时工资、奖金、津贴和补贴）28,000 元，规定按生产工时比例分配，这两种产品的生产工时为 A 产品 500 小时、B 产品 300 小时，应分配计算如下：

生产薪酬费用分配率 =28,000 ÷（500+300）=35（元 / 小时）

A 产品应分配生产薪酬 =500 × 35=17,500（元）

B 产品应分配生产薪酬 =300 × 35=10,500（元）

## 三、职工薪酬费用的账务处理

直接进行产品生产的工人薪酬设有“直接人工”成本项目，应单独记入“基本生产成本”总账账户和所属明细账的借方。

直接进行辅助生产、设有“直接人工”成本项目的生产工人薪酬，间接进行基本生产和辅助生产没有专项成本项目的职工薪酬，专设的销售部门人员薪酬，行政管理部门人员薪酬，用于固定资产在建工程的薪酬，以及应计入管理费用的长期病假人员薪酬等，应分别记入“辅助生产成本”“制造费用”“销售费用”“管理费用”和“在建工程”等总账账户和所属明细账的借方，已分配的薪酬总额，应记入“应付职工薪酬”账户的贷方。

企业应当设置“应付职工薪酬”明细账，按照职工类别分设账页，按照薪酬的组成内容分设专栏，根据“工资单”或“工资汇总表”进行登记。

职工薪酬费用的分配，应通过职工薪酬费用分配表进行。

【例 3—6】以誉城公司为例，根据各车间、部门的薪酬费用分配表和全公司薪酬结算单等资料，汇总编制全公司薪酬费用分配表（也称为薪酬费用分配汇总表），具体见表 3—5。

表 3—5　薪酬费用分配汇总表

誉城公司　20××年3月　单位：元

| 应借科目 | | 成本或费用项目 | 生产工人薪酬 | 其他人员薪酬 | 薪酬合计 |
|---|---|---|---|---|---|
| 基本生产成本 | A 产品 | 直接人工 | 17,500 | | 17,500 |
| | B 产品 | 直接人工 | 10,500 | | 10,500 |
| | 小计 | | 28,000 | | 28,000 |
| 辅助生产成本 | 辅助生产车间 | 直接人工 | 19,500 | | 19,500 |
| 制造费用 | 基本生产车间 | 薪酬 | | 9,960 | 9,960 |
| | 辅助生产车间 | 薪酬 | | 6,500 | 6,500 |
| | 小计 | | | 16,460 | 16,460 |
| 管理费用 | 行政管理部门 | 薪酬 | | 13,100 | 13,100 |
| | 长期病假人员 | 薪酬 | | 2,646 | 2,646 |
| | 小计 | | | 15,746 | 15,746 |
| 合计 | | | | | 79,706 |

根据全公司薪酬费用分配汇总表，应编制下列会计分录：

借：基本生产成本——A 产品　17,500

　　　　　　　——B 产品　10,500

　　辅助生产成本　19,500

　　制造费用——基本生产车间　9,960

　　　　　　——辅助生产车间　6,500

　　管理费用　15,746

　　贷：应付职工薪酬　79,706

# 第三节　辅助生产费用核算

## 一、辅助生产费用概述

辅助生产，是指主要为基本生产车间、企业行政管理部门等单位提供服务而进行的产品生产和劳务供应，有时也对外销售和供应。企业通常设立专门的辅助生产车间来组织辅助产品的生产和劳务的供应。

辅助生产车间发生的费用应由各受益的车间部门负担，其提供的产品和劳务绝大部分是为基本生产车间生产产品服务的，对外销售的很少。因此，辅助生产产品和劳务成本的高低，影响着基本生产产品成本和经营管理费用，只有辅助生产产品和劳务的成本确定以后，才能计算和确定基本生产的产品成本。准确、及时地归集辅助生产费用，计算辅助生产成本，分配辅助生产费用，对于准确、及时地计算基本生产成本和归集经营管理费用，节约费用、降低成本具有重要的意义。

辅助生产费用的核算，包括辅助生产费用的归集和辅助生产费用的分配两个方面。辅助生产费用按照辅助生产车间以及产品和劳务类别归集，也是辅助生产产品和劳务成本计算的过程。辅助生产费用的归集是为辅助生产费用的分配作准备，只有先把辅助生产费用归集起来，才能够对其进行分配。辅助生产费用的分配，是指按照一定的标准和方法，将辅助生产费用分配到各受益单位或产品的过程。分配的及时性和准确性，影响到基本生产产品成本、经营管理费用以及经营成果核算的及时性和准确性，辅助生产费用分配的核算，是辅助生产费用核算的关键。

## 二、辅助生产费用的分配核算

分配辅助生产费用的方法很多，主要有直接分配法、交互分配法、代数分配法、计划成本分配法和顺序分配法。

无论采用何种分配方法，当期发生的全部辅助生产费用都要全部分配完毕，即“辅助生产成本”账户无期末余额。

### 1. 直接分配法

直接分配法是指不考虑各辅助生产车间之间相互提供劳务或产品的情况，将各种辅助生产费用直接分配给辅助生产以外的各受益单位。

直接分配法下费用分配率的计算公式如下：

费用分配率 = 待分配的辅助生产费用 ÷ 接受分配的各外部单位耗用劳务数量之和

【例 3—7】假定誉城公司设有供水和供电两个辅助生产车间，主要为企业基本生产车间和行政管理部门提供服务。20×× 年 8 月，供电车间发生的费用为 7,100 元，供水车间发生的费用为 32,361 元。该企业辅助生产车间发生的间接费用直接记入“生产成本——辅助生产成本”账户，各辅助生产车间提供的劳务及其消耗情况见表 3—6，采用直接分配法分配辅助生产费用。

表 3—6　誉城公司辅助生产车间费用资料

20×× 年 8 月

| 受益部门 | | 供电数量（度） | 供水数量（$m^3$） |
|---|---|---|---|
| 辅助生产车间 | 供电 | | 1,350 |
| | 供水 | 3,200 | |
| 基本生产车间 | | 16,150 | 8,594 |
| 管理部门 | | 1,600 | 652 |
| 合计 | | 20,950 | 10,596 |

解析：采用直接分配法分配辅助生产费用见表 3—7。

其费用分配率根据公式计算如下：

电费分配率 =7,100 ÷（20,950-3,200）=0.4（元 / 度）

水费分配率 =32,361 ÷（10,596-1,350）=3.5（元 /$m^3$）

采用这种分配方法，各辅助生产费用只进行对外分配，且分配一次，计算工作量最小，但分配结果不够准确，只宜在辅助生产内部相互不提供劳务、产品或提供不多、不进行费用的交互分配且对辅助生产成本和企业产品成本影响不大的情况下采用。

表 3—7 辅助生产费用分配表（直接分配法）

20×× 年 8 月 单位：元

| 项目 | | 供电车间（度） | 供水车间（$m^3$） | 合计 |
|---|---|---|---|---|
| 待分配辅助生产费用 | | 7,100 | 32,361 | 39,461 |
| 供应辅助生产以外的劳务量 | | 17,750 | 9,246 | |
| 费用分配率（单位成本） | | 0.4 | 3.5 | |
| 基本生产车间 | 耗用数量 | 16,150 | 8,594 | |
| | 分配金额 | 6,460 | 30,079 | 36,539 |
| 管理部门 | 耗用数量 | 1,600 | 652 | |
| | 分配金额 | 640 | 2,282 | 2,922 |
| 合计 | | 7,100 | 32,361 | 39,461 |

## 2. 交互分配法

交互分配法是指先根据各辅助生产车间、部门相互提供的劳务或产品的数量和交互分配前的费用分配率（单位成本），进行第一次交互分配；然后将各辅助生产车间、部门交互分配后的实际费用（即交互分配前的费用加上交互分配转入的费用，减去交互分配转出的费用），再按对外提供劳务或产品的数量，在辅助生产车间、部门以外的各受益单位间进行分配。

【例 3—8】按【例 3—7】中的资料列示交互分配法的辅助生产费用分配见表 3—8。

表 3—8 辅助生产费用分配表（交互分配法）

20×× 年 8 月 单位：元

| 项 目 | 交互分配 | | | 对外分配 | | |
|---|---|---|---|---|---|---|
| 辅助生产车间名称 | 供电 | 供水 | 合计 | 供电 | 供水 | 合计 |
| 待分配费用 | 7,100 | 32,361 | 39,461 | | | |
| 劳务供应量 | 20,950 | 10,596 | | | | |

续表

| 项目 | | | | 交互分配 | | | 对外分配 | | |
|---|---|---|---|---|---|---|---|---|---|
| 费用分配率 | | | | 0.3389 | 3.054 | | | | |
| 辅助车间耗用 | 辅助生产成本 | 供电车间 | 数量 | | 1,350 | | | | |
| | | | 金额 | | 4,122.90 | 4,122.90 | | | |
| | | 供水车间 | 数量 | 3,200 | | | | | |
| | | | 金额 | 1,084.48 | | 1,084.48 | | | |
| | | 金额小计 | | | | 5,207.38 | | | |
| 基本车间 | 制造费用 | | 数量 | | | | 16,150 | 8,594 | |
| | | | 金额 | | | | 9,224.53 | 27,254.84 | 36,479.37 |
| 管理部门 | 管理费用 | | 数量 | | | | 1,600 | 652 | |
| | | | 金额 | | | | 913.89 | 2,067.74 | 2,981.63 |
| 分配金额合计 | | | | | | | 10,138.42 | 29,322.58 | 39,461 |

解析：在上列辅助生产费用分配表中，交互分配的费用分配率，是根据待分配的辅助生产费用除以供应劳务的总数量计算求出的。对外分配的费用分配率，根据对外分配费用除以对外供应劳务数量计算求出。

对内（交互）分配率计算如下：

电费分配率 =7,100 ÷ 20,950=0.3389（元 / 度）

水费分配率 =32,361 ÷ 10,596=3.054（元 /$m^3$）

对外分配率计算如下：

电费分配率（单位成本）=（7,100+4,122.9−1,084.48）÷（20,950−3,200）

=0.5712（元 / 度）

水费分配率（单位成本）=（32,361+1,084.48−4,122.9）÷（10,596−1,350）

=3.1714（元 /$m^3$）

这种分配方法，一方面，由于辅助生产内部相互之间提供劳务全部进行了交互分配，因而提高了分配结果的准确性；另一方面，由于各种辅助生产费用都要计算两个费用分配率，进行两次分配，因而增加了计算工作量。同时，由于交互分配的费用分配率是根据交互分配以前的待分配费用计算的，不是各辅助生产的实际单位成本，因而分配结果也不是很准确。

### 3. 代数分配法

代数分配法是指根据解联立方程的原理，计算辅助生产劳务或产品的单位成本，然后再根据各受益单位（包括辅助生产内部和外部各单位）耗用的数量和单位成本分配辅助生产费用。

【例 3—9】将【例 3—7】中的资料按代数分配法分配辅助生产费用。

假设 $x$ 为每度电的成本，$y$ 为每立方米水的成本，建立联立方程式如下：

$$7,100+1,350y=20,950x \quad (1)$$

$$32,361+3,200x=10,596y \quad (2)$$

解得 $x=0.5463$，$y=3.2191$

根据上列计算结果，编制代数分配法的辅助生产费用分配表（见表 3—9）。

表 3—9　　辅助生产费用分配表（代数分配法）

20×× 年 8 月　　单位：元

| 项目 | | | 供电车间（度） | 供水车间（$m^3$） | 合计 |
|---|---|---|---|---|---|
| 待分配辅助生产费用 | | | 7,100 | 32,361 | 39,461 |
| 劳务供应总量 | | | 20,950 | 10,596 | |
| 实际单位成本 | | | 0.5463 | 3.2191 | |
| 辅助生产车间 | 供电车间 | 数量 | | 1,350 | |
| | | 金额 | | 4,345.79 | 4,345.70 |
| | 供水车间 | 数量 | 3,200 | | |
| | | 金额 | 1,748.16 | | 1,748.16 |
| | 小计 | | | | 6,093.95 |
| 基本生产车间 | | 数量 | 16,150 | 8,594 | |
| | | 金额 | 8,822.75 | 27,664.95 | 36,487.70 |
| 管理部门 | | 数量 | 1,600 | 652 | |
| | | 金额 | 847.08 | 2,098.85 | 2,945.93 |
| 合计 | | | 11,417.99 | 34,109.59 | 45,527.58 |

注：表中实际分配辅助生产费用合计 45,527.58 与待分配费用 39,461 不等，是由于辅助生产车间之间交互分配费用转账引起的。

采用代数分配法，分配结果相对准确。但在分配以前要解联立方程组，如果辅助生产车间、部门较多，则未知数较多，计算工作比较复杂，这种方法在计算工作已经实现电算化的企业中比较适宜采用。

### 4．计划成本分配法

计划成本分配法是指按照计划成本将费用在各辅助生产车间进行分配和调整的一种方法，又称“内部结算价格分配法”。具体来说，就是根据各辅助生产车间为各受益车间和部门提供服务的数量，按照计划单位成本分配给各受益车间和部门（包括受益的其他辅助生产车间），然后将各辅助生产车间发生的实际费用，加上其他辅助生产车间分配来的费用同按计划单位成本计算的分配数之间的差额，对辅助生产车间以外的受益单位进行追加分配，或将其差额全部计入企业管理费。

**【例 3—10】**将【例 3—7】中的资料按计划成本分配法分配辅助生产费用。假设每度电的计划成本为 0.6 元，每立方米水的计划成本为 3 元，辅助生产成本差异全部计入管理费用。按计划成本分配法分配的辅助生产费用见表 3—10。

表 3—10　　辅助生产费用分配表（计划成本分配法）

20××年 8 月　　单位：元

<table>
<tr><th colspan="3" rowspan="2">项目</th><th colspan="2">供电车间</th><th colspan="2">供水车间</th><th rowspan="2">合计</th></tr>
<tr><th>数量（度）</th><th>金额</th><th>数量（m³）</th><th>金额</th></tr>
<tr><td colspan="3">待分配费用</td><td></td><td>7,100</td><td></td><td>32,361</td><td>39,461</td></tr>
<tr><td colspan="3">劳务供应量</td><td>20,950</td><td></td><td>10,596</td><td></td><td></td></tr>
<tr><td colspan="3">计划单位成本</td><td></td><td>0.6</td><td></td><td>3</td><td></td></tr>
<tr><td rowspan="6">按计划成本分配</td><td rowspan="3">辅助生产车间</td><td>供电</td><td></td><td></td><td>1,350</td><td>4,050</td><td>4,050</td></tr>
<tr><td>供水</td><td>3,200</td><td>1,920</td><td></td><td></td><td>1,920</td></tr>
<tr><td>小计</td><td></td><td>1,920</td><td></td><td>4,050</td><td>5,970</td></tr>
<tr><td colspan="2">基本生产车间</td><td>16,150</td><td>9,690</td><td>8,594</td><td>25,782</td><td>35,472</td></tr>
<tr><td colspan="2">管理部门</td><td>1,600</td><td>960</td><td>652</td><td>1,956</td><td>2,916</td></tr>
<tr><td colspan="2">计划成本合计</td><td></td><td>12,570</td><td></td><td>31,788</td><td>44,358</td></tr>
<tr><td colspan="3">辅助生产成本实际额</td><td></td><td>11,150</td><td></td><td>34,281</td><td>45,431</td></tr>
<tr><td colspan="3">辅助生产成本差异</td><td></td><td>−1,420</td><td></td><td>2,493</td><td>1,073</td></tr>
</table>

注：表中供电车间生产成本实际额 =7,100 +4,050=11,150（元），供水车间生产成本实际额 =32,361 + 1,920=34,281（元）。

在表 3—10 中，劳务实际成本：

修理劳务实际成本 =9,546+75=9,621（元）

供水实际成本 =3,662+250=3,912（元）

在上述实际成本中，由于分配转入的费用（即 75 元与 250 元）是按计划单位成本计算的，因而这种实际成本不是完全的实际成本。

采用计划成本分配法，各种辅助生产费用只分配一次，而且劳务的计划单位

成本是已经确定的，不必单独计算费用分配率，减轻了核算工作量。由于辅助生产的成本差异一般全部计入管理费用，各受益单位所负担的劳务费用都不包括辅助生产成本差异因素，因而还便于考核和分析各受益单位的成本，有利于分清企业内部各单位的经济责任。但是采用这种分配方法，辅助生产劳务的计划单位成本必须比较准确且稳定才行。

### 5. 顺序分配法

顺序分配法是指各辅助生产车间之间的费用按照辅助生产车间受益多少的顺序依次排列，受益少的排列在前，先将费用分配出去，不再参加以后的费用分配，受益多的排列在后，后将费用分配出去的方法。这里受益的多少按照金额大小来确定。采用顺序分配法时，分配率的计算公式如下：

先分配的费用分配率（单位成本）= 待分配的辅助生产费用总额 ÷ 辅助生产供应总量

后分配的费用分配率（单位成本）=（待分配的辅助生产费用总额 + 由其他辅助生产车间分配来的费用）÷（辅助生产供应总量 – 先分配的辅助生产部门耗用的劳务量）

**【例 3—11】**将【例 3—7】中的资料按顺序分配法分配辅助生产费用，见表 3—11。

表 3—11　　辅助生产费用分配表（顺序分配法）

20×× 年 8 月　　单位：元

| 项目 | 待分配费用 | 劳务供应量 | 分配率 | 分配金额 | | | | | |
|---|---|---|---|---|---|---|---|---|---|
| | | | | 供电车间 | | 基本生产车间 | | 管理部门 | |
| | | | | 数量 | 金额 | 数量 | 金额 | 数量 | 金额 |
| 供水车间 | 32,361 | 10,956 | 3.054 | 1,350 | 4,123 | 8,594 | 26,246.74 | 652 | 1,991.26 |
| 供电车间 | 11,223 | 17,750 | 0.63228 | | | 16,150 | 10,211.35 | 1,600 | 1,011.65 |
| 合计 | | | | | 4,123 | | 36,458.09 | | 3,002.91 |

由以上资料可以很容易地算出供水车间消耗供电车间提供电力的总费用为 1,280 元（3,200×0.4），供电车间消耗供水车间提供的水费总额为 4,725 元

（1,350×3.5）。所以，供水车间受益少应先参加分配。

水费分配率 =32,361÷10,596=3.054（元 /$m^3$）

电费分配率 =（7,100+4,123）÷（20,950–3,200）=0.63228（元 / 度）

## 三、辅助生产费用的账务处理

### 1. 账户设置

为了对辅助生产车间的费用进行核算，企业应设立“辅助生产成本”账户，该账户一般应按辅助生产车间设置明细账，若有需要还可在车间下再按产品或劳务种类设三级明细账，账中按照成本项目或费用项目设立专栏进行明细核算。辅助生产发生的各项生产费用，应记入该账户的借方进行归集。

如果对辅助生产部门的制造费用单独核算的话，则需要设置“制造费用”账户。

### 2. 辅助生产费用归集的账务处理

#### （1）设置“制造费用——辅助生产车间”账户

在“辅助生产成本”明细账中设有专门成本项目的辅助生产费用，如原材料费用、动力费用、职工薪酬费用等，应记入“辅助生产成本”总账和所属明细账相应成本项目的借方，其中，直接计入费用应直接记入，间接计入费用需分配记入。对于未专设成本项目的辅助生产费用，先通过“制造费用——辅助生产车间”账户归集，然后再从该账户的贷方直接转入（若为一种产品或劳务）或分配转入（若为多种产品或劳务）“辅助生产成本”账户的借方。

#### （2）不设置“制造费用——辅助生产车间”账户

“辅助生产成本”总账和明细账内按若干成本费用项目设置专栏，对于发生的各种辅助生产费用，可直接记入或间接分配记入“辅助生产成本”总账以及所属明细账的相应成本费用项目。

### 3. 辅助生产费用分配的账务处理

辅助生产费用分配应作相应的会计处理，应由基本生产车间生产的产品负担并专设成本项目的费用直接记入“基本生产成本”账户，应由基本生产车间生产的产品负担并未专设成本项目的费用记入“制造费用”账户，应由其他辅助生产车间负担的费用则应记入相应的“辅助生产成本”明细账户。

## 4. 案例解析

上述五种辅助费用分配方法的账务处理如下：

### （1）直接分配法

借：制造费用 36,539

管理费用 2,922

贷：生产成本——辅助生产成本——供电车间 7,100

——供水车间 32,361

### （2）交互分配法

1）第一次分配（相互分配）：

借：生产成本——辅助生产成本——供电车间 4,122.90

——供水车间 1,084.48

贷：生产成本——辅助生产成本——供水车间 4,122.90

——供电车间 1,084.48

2）第二次分配（对外分配）：

借：制造费用 36,479.37

管理费用 2,981.63

贷：生产成本——辅助生产成本——供电车间 10,138.42

——供水车间 29,322.58

### （3）代数分配法

借：生产成本——辅助生产成本——供电车间 4,345.79

——供水车间 1,748.16

制造费用 36,487.70

管理费用 2,945.93

贷：生产成本——辅助生产成本——供电车间 11,417.99

——供水车间 34,109.59

### （4）计划分配法

借：生产成本——辅助生产成本——供电车间 4,050

——供水车间 1,920

制造费用 35,472

管理费用 2,916

贷：生产成本——辅助生产成本——供电车间 12,570

——供水车间 31,788

借：管理费用 1,073

生产成本——辅助生产成本——供电车间 1,420

贷：生产成本——辅助生产成本——供水车间 2,493

**（5）顺序分配法**

1）分配水费：

借：生产成本——辅助生产成本——供电车间 4,123

制造费用 26,246.74

管理费用 1,991.26

贷：生产成本——辅助生产成本——供水车间 32,361

2）分配电费：

借：制造费用 10,211.35

管理费用 1,011.65

贷：生产成本——辅助生产成本——供电车间 11,223

# 第四节 制造费用核算

## 一、制造费用概述

制造费用是指工业企业为生产产品（或提供劳务）而发生的，应计入产品成本但没有专设成本项目的各项生产费用。制造费用的内容比较复杂，通常除了直接材料、直接人工等直接费用外，其他各种构成产品成本的费用几乎都是制造费用。

制造费用的项目一般包括职工薪酬、折旧费、办公费、差旅费、水电费、租赁费、机物料消耗、劳动保护费、保险费、季节性和修理期间停工损失等，为了使各期成本、费用资料可比，制造费用项目一经确定，不得随意变更。

## 二、制造费用的分配核算

制造费用分配的方法一般按生产工人工资、按生产工人工时、按机器工时、按耗用原材料的数量或成本，或按直接成本（原材料、燃料、动力、生产工人工资及应提取的福利费之和）、按产品产量和按年度计划分配率进行。具体采用哪一种分配方法，由企业自行决定，分配方法一经确定，不得随意变更；如需变更，应当在会计报表附注中加以说明。

在成本核算实务中，制造费用的分配标准一般有：

- 直接人工工时，各受益对象所耗用的生产工人工时数，可以是实际工时，也可以是定额工时。
- 直接人工成本，各受益对象所发生的直接人工成本数。
- 机器工时，各受益对象所耗用的机器工时数，可以是实际工时，也可以是定额工时。
- 直接材料成本或数量，各受益对象所耗用的直接材料成本或数量。
- 直接成本，各受益对象所耗用的直接材料成本和直接人工成本之和。
- 标准产量，将各产品实际产量换算成标准产量，以各产品的标准产量数作为分配标准。

最常见的分配标准有直接人工实际工时比例分配法、直接人工成本比例分配法和机器工时比例分配法。

### 1. 直接人工实际工时比例分配法

直接人工实际工时比例分配法是按照各种产品所用生产工人实际工时的比例分配制造费用。其计算公式如下：

制造费用分配率 = 制造费用总额 ÷ 各种产品生产工人工时总数

某种产品应负担的制造费用 = 该产品的生产工时数 × 分配率

【例 3—12】誉城公司某基本生产车间同时生产 A、B 两种产品，本期发生制造费用 144,000 元，A 产品生产工人工时为 72,000 小时，B 产品生产工人工时为 48,000 小时，A、B 产品各自应分配的制造费用计算如下：

制造费用分配率 =144,000÷（72,000+48,000）=1.2（元 / 小时）

A 产品应分配的制造费用 =72,000×1.2=86,400（元）

B 产品应分配的制造费用 =48,000×1.2=57,600（元）

按照直接人工实际工时比例分配法编制制造费用分配见表 3—12。

表 3—12 制造费用分配表

车间：基本生产车间

| 应借账户 | 生产工人工时（小时） | 分配率 | 分配金额（元） |
| --- | --- | --- | --- |
| 基本生产成本——A 产品 | 72,000 | 1.2 | 86,400 |
| ——B 产品 | 48,000 | 1.2 | 57,600 |
| 合计 | 120,000 | | 144,000 |

按照直接人工实际工时比例分配制造费用，可以使产品负担制造费用的多少与劳动生产率的高低联系起来，是较为常见的一种分配方法。但是，如果生产单位生产的各种产品的工艺过程机械化程度差异较大，采用生产工时作为分配标准，会使工艺过程机械化程度较低的产品（耗用生产工时多）负担过多的制造费用，导致分配结果不合理。这种方法适用于机械化程度较低，或生产单位内各种产品机械化生产程度大致相同的单位。

### 2. 直接人工成本比例分配法

直接人工成本比例分配法是以直接计入各种产品成本的生产工人实际工资的比例作为分配标准分配制造费用的一种方法。其计算公式如下：

制造费用分配率＝制造费用总额 ÷ 各种产品生产工人工资总额

某种产品应负担的制造费用＝该产品的生产工人工资总额 × 分配率

【例 3—13】誉城公司某基本生产车间同时生产甲、乙两种产品，本期共发生制造费用 900,000 元，本期甲产品生产工人工资为 760,000 元，乙产品生产工人工资为 740,000 元，甲、乙产品各自应分配的制造费用计算如下：

制造费用分配率 =900,000÷（760,000+740,000）=0.6

甲产品应分配的制造费用 =760,000×0.6=456,000（元）

乙产品应分配的制造费用 =740,000×0.6=444,000（元）

由于生产工人工资资料比较容易取得，因此采用这种标准进行分配比较简便。但是使用这种方法的前提是各种产品生产的机械化程度或需要生产工人的操作技能大致相同。否则，机械化程度低（用工多、生产工人工资费用高）的产品，或需要生产工人操作技能高的产品则要负担较多的制造费用，显然是不合理的。

### 3. 机器工时比例分配法

机器工时比例分配法是以各种产品生产所用机器设备的运转时间比例作为分配标准分配制造费用的一种方法。其计算公式如下：

制造费用分配率＝制造费用总额 ÷ 各种产品耗用机器工时之和

某种产品应负担的制造费用＝该产品的生产耗用机器工时数 × 分配率

【例 3—14】誉城公司本月某基本生产车间生产 C、D 两种产品，共同发生制造费用为 36,000 元，C 产品耗用机器工时数为 4,800 小时，D 产品耗用机器工时数为 4,200 小时，C、D 产品各自应分配的制造费用计算如下：

制造费用分配率 =36,000÷（4,800+4,200）=4（元 / 小时）

C 产品应分配的制造费用 =4,800×4=19,200（元）

D 产品应分配的制造费用 =4,200×4=16,800（元）

这种方法适合于对机械化、自动化程度较高的车间进行制造费用的分配。因为机械化、自动化程度低的产品，一般要比机械化、自动化程度高的产品耗用的机器工时多，而使制造费用负担了过多的机器设备折旧和修理费用。

### 知识链接

**选取制造费用分配标准原则**

（1）共有性，即各应承担制造费用的对象都具有该分配标准的资料。

（2）比例性，即分配标准与制造费用之间存在客观的因果比例关系，分配标准总量的变化对制造费用总额的多少有较密切的依存关系。

（3）易得性，即各受益对象所耗用分配标准的资料较为容易取得。

（4）可计量性，即各受益对象所耗用标准的数量可以客观地进行计量。

（5）稳定性，即使用的分配标准相对稳定，不宜经常变动，便于各期间的成本分配比较。

## 三、制造费用的账务处理

### 1. 制造费用归集的账务处理

（1）生产车间发生的机物料消耗，借记本账户，贷记“原材料”等账户。

（2）发生的生产车间管理人员的工资等职工薪酬，借记本账户，贷记“应付职工薪酬”账户。

（3）生产车间计提的固定资产折旧，借记本账户，贷记“累计折旧”账户。

（4）生产车间支付的办公费、修理费、水电费等，借记本账户，贷记“银行存款”等账户。

（5）发生季节性的停工损失，借记本账户，贷记“原材料”“应付职工薪酬”“银行存款”等账户。

（6）将制造费用分配计入有关的成本核算对象，借记“生产成本（基本生产成本、辅助生产成本）”“劳务成本”等账户，贷记本账户。

（7）季节性生产企业制造费用全年实际发生数与分配数的差额，除其中属于为下一年开工生产作准备的可留待下一年分配外，其余部分实际发生额大于分配额的差额，借记“生产成本——基本生产成本”账户，贷记本账户；实际发生额小于分配额的差额，做相反的会计分录。

注意：如果辅助生产的制造费用是通过“制造费用”账户单独核算，则应比照基本生产车间制造费用核算；如果辅助生产的制造费用不通过“制造费用”账户单独核算，应将其全部记入“辅助生产成本”账户。

【例 3—15】誉城公司基本生产一车间 20×× 年 6 月发生以下费用，编制相关会计分录。

（1）本月发生的工资费用 20,000 元。月末根据“职工费用分配汇总表”，编制会计分录如下：

借：制造费用——基本生产一车间　　20,000
　贷：应付职工薪酬　　20,000

（2）本月固定资产应计提折旧费 30,000 元，应摊销租赁费 11,200 元。月末根据“固定资产折旧及租赁费用分配表”，编制会计分录如下：

借：制造费用——基本生产一车间　　41,200
　贷：累计折旧　　30,000
　　　长期待摊费用　　11,200

（3）本月使用支票购买办公用品 2,800 元。根据付款的原始凭证，编制会计分录如下：

借：制造费用——基本生产一车间　　2,800
　贷：银行存款　　2,800

（4）本月 28 日以银行存款支付基本生产一车间水电费（日常用水和照明用电）9,300 元，一车间管理部门本月一般耗用供电、供水车间水电费 2,600 元。根据付款的原始凭证和“辅助生产费用分配表”，编制会计分录如下：

借：制造费用——基本生产一车间　　11,900
　贷：银行存款　　9,300
　　　辅助生产成本　　2,600

（5）本月耗用辅助生产材料 35,000 元。月末根据“材料费用分配表”，编制会计分录如下：

借：制造费用——基本生产一车间　　35,000

　　贷：原材料　　35,000

（6）本月应摊销保险费 2,680 元。月末根据“待摊费用分配表”，编制会计分录如下：

借：制造费用——基本生产一车间　　2,680

　　贷：长期待摊费用　　2,680

（7）本月 28 日以银行存款为基本生产一车间支付其他费用 3,902 元。根据付款的原始凭证，编制会计分录如下：

借：制造费用——基本生产一车间　　3,902

　　贷：银行存款　　3,902

（8）月末将本月基本生产一车间发生的制造费用 117,482 元进行结转，转入“基本生产成本”账户。编制会计分录如下：

借：基本生产成本　　117,482

　　贷：制造费用——基本生产一车间　　117,482

### 2. 制造费用分配的账务处理

制造费用不论采用以上哪一种分配方法，分配的过程均是通过制造费用分配表来进行核算的。

**（1）基本生产车间制造费用分配的账务处理**

在“制造费用——基本生产 × 车间”账户的借方归集了基本生产车间的全部制造费用以后，再分配结转基本生产的制造费用，借记“基本生产成本”账户，贷记“制造费用——基本生产 × 车间”账户，并据以登记相应的明细账，例如分配由基本生产成本负担的制造费用，一方面要登记相关的产品成本明细账“制造费用”成本项目，另一方面要登记相关的制造费用明细账。

**（2）辅助生产车间制造费用分配的账务处理**

关于辅助生产车间制造费用分配的核算请详见本章第三节的内容。

通过上述制造费用的归集和分配，“制造费用”总账和所属明细账都应没有月末余额。

# 第五节 生产损失核算

生产损失是指企业在产品生产过程中由于生产原因而发生的不能形成正常产出的损失。生产损失一般包括以下几方面：

- 因制造了不合格产品而造成的报废损失和修复费用。
- 因管理不善造成的在产品盘亏、毁损损失。
- 因生产设备发生故障被迫停工而造成的停工损失。
- 因原材料损耗或工艺原因使生产过程中的材料、人工超常消耗而造成的损失等。

本节主要介绍废品损失和停工损失的核算。

## 一、废品损失核算

### 1. 废品损失的含义

废品损失包括在生产过程中发现的、入库后发现的各种废品的报废损失和修复费用。废品的报废损失，是指不可修复废品的实际成本减去回收材料和废料价值后的净损失。废品的修复费用，是指可以修复的废品在返修过程中所发生的修理费用。

需要注意的是，以下内容不应包括在废品损失范围内：

（1）产品入库后由于管理不善造成的产品变质、毁坏。这是由于管理的原因造成的，所以这部分损失要计入管理费用，不作为废品损失核算。

（2）产品虽未达到质量标准，但可降价出售造成的降价损失。这部分产品并没有增加成本，只是减少了收入，它表现为销售损益，是通过减少收入来解决，不作为废品损失核算。

（3）产品销售后实行“三包”的费用。三包发生的费用，按现行制度，也计入管理费用，不作为废品损失核算。

### 2. 废品损失的账务处理

需要单独核算废品损失的工业企业，应设置“废品损失”账户，“基本生产

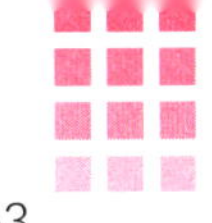



成本”明细账户中增设“废品损失”成本项目。该账户按车间设立明细账，账内按产品品种分设专栏，进行明细核算。借方登记不可修复废品的生产成本和可修复废品的修复费用。其中不可修复废品的生产成本，应根据不可修复废品损失计算表，借记“废品损失”账户，贷记“基本生产车间”账户；可修复废品的修复费用，应根据修复过程中耗用费用分配表，借记“废品损失”账户，贷记“原材料”“应付职工薪酬”和“制造费用”等账户。废品残料的回收价值和应收的赔款，应从“废品损失”账户的贷方转出，借记“原材料”“其他应收款”等账户，贷记“废品损失”账户。“废品损失”账户上述借方发生额大于贷方发生额的差额，就是废品损失，应分配转由本月各种产品的成本负担，借记“基本生产成本”账户，贷记“废品损失”账户。结转后，“废品损失”账户应无期末余额。

【例 3—16】誉城公司某车间生产甲种产品 1,000 件，生产过程中发现其中 20 件为不可修复废品。该产品成本明细账所记合格品和废品共同发生的生产费用为：直接材料 10,000 元，直接人工 5,400 元，制造费用 6,000 元，合计 21,400 元。原材料是在生产开始时一次投入的。生产工时为：合格品 2,950 小时，废品 50 小时，合计 3,000 小时。废品回收的残料计价 70 元，应由过失人赔偿 40 元。

原材料为一次投入，应按合格品数量 980（1,000−20）件和废品数量 20 件的比例进行分配；其他费用按生产工时比例分配。

解析：根据上述资料，不可修复废品损失计算见表 3—13。

表 3—13　不可修复废品损失计算表（按实际成本计算）　单位：元

| 项目 | 数量（件） | 直接材料 | 生产工时（小时） | 直接人工 | 制造费用 | 成本会计 |
|---|---|---|---|---|---|---|
| 生产费用合计 | 1,000 | 10,000 | 3,000 | 5,400 | 6,000 | 21,400 |
| 费用分配率 | | 10 | | 1.8 | 2 | |
| 废品生产成本 | 30 | 300 | 50 | 90 | 100 | 490 |
| 残料价值 | | 70 | | | | 70 |
| 废品报废损失 | | 150 | | 54 | 60 | 264 |

直接材料分配率 =10,000 ÷ 1,000=10

直接人工分配率 =5,400 ÷ 3,000=1.8

制造费用分配率 =6,000 ÷ 3,000=2

根据表 3—13 及有关凭证，编制会计分录如下：

（1）结转成本

借：废品损失——甲产品 490

贷：基本生产车间——甲产品（直接材料） 300

（直接人工） 90

（制造费用） 100

（2）回收废品残料价值

借：原材料 70

贷：废品损失——甲产品 70

（3）应收过失人赔偿

借：其他应收款 40

贷：废品损失——甲产品 40

（4）将废品净损失 380（490–70–40）元，转入同种合格品的成本

借：基本生产成本——甲产品（废品损失） 380

贷：废品损失——甲产品 380

**【例 3—17】**誉城公司本月生产甲产品 3,000 件，生产过程中发现了 30 件可修复废品。在修复过程中，耗用直接材料 600 元，直接人工 960 元，制造费用 640 元。经查，应由责任人赔偿 150 元。编制会计分录如下：

（1）发生修复费用

借：废品损失——甲产品 2,200

贷：原材料 600

应付职工薪酬 960

制造费用 640

（2）确定应收赔款

借：其他应收款 150

贷：废品损失——甲产品 150

（3）结转废品净损失

借：基本生产成本——甲产品（废品损失） 2,050

贷：废品损失——甲产品 2,050

如果企业在生产过程中发生的废品很少，损失数额也比较小，为了简化核算工作，也可以不单独核算废品损失。在不单独核算废品损失的企业中，不设立“废品损失”账户和成本项目，只在回收废品残料时，借记“原材料”账户，贷记“基本生产成本”账户，并从所属有关产品成本明细账的“原材料”

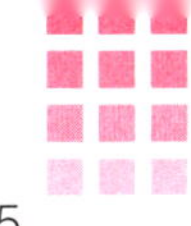



成本项目中扣除残料价值。“基本生产成本”账户和所属有关产品成本明细账归集的完工产品总成本，除以扣除废品数量以后的合格品数量，即为合格产品的单位成本。

**知识链接**

**不可修复废品损失归集和分配的核算**

进行不可修复废品损失的归集，先应计算废品报废时已经发生的生产成本；然后扣除废品残值，计算废品报废损失，再扣除过失人赔款，即为废品净损失。

不可修复废品的报废损失 = 不可修复废品的生产成本 − 不可修复废品残值

不可修复废品的净损失 = 不可修复废品的报废损失 − 应收过失人赔款

或 = 不可修复废品的生产成本 − 不可修复废品残值 − 应收过失人赔款

## 二、停工损失核算

### 1. 停工损失的含义

停工损失是指生产车间或车间内某个班组在停工期间发生的各项费用，包括停工期内应负担的生产工人工资和福利费等薪酬费用、所耗用的燃料和动力费以及应负担的制造费用。由过失单位或保险公司负担的赔款，应从停工损失中扣除。为了简化核算工作，停工不满一个工作日的，一般不计算停工损失。列入停工损失核算范围的主要有四种情况：

（1）由于停电、停水、待料等原因发生的停工损失。

（2）由于机器设备发生故障或进行大修理造成的停工损失。

（3）由于自然灾害造成的停工损失。

（4）由于计划减产造成的停工损失。

季节性生产企业在停工期内的费用，应采用待摊、预提的方法，由开工期内的生产成本负担，不作为停工损失。

### 2. 停工损失的账务处理

需要单独核算停工损失的工业企业，应设置“停工损失”账户；在“基本生产成本”明细账中增设“停工损失”成本项目。该账户应按车间设立明细账，账内按成本项目分设专栏或专行，进行明细核算。停工期间发生的应计入停工损失的各种费用，都应在该账户的借方归集，借记“停工损失”账户，贷记“应付职工薪酬”和“制造费用”等账户。单独核算停工损失的企业，在编制各种费用分配表时，应将属于停工损失的费用计入“停工损失”成本项目；而在制造费用的费用项目中，则可不再设立“修理期间停工损失”成本项目。

在“停工损失”账户借方归集的停工损失中，应取得赔偿的损失，以及应计入营业外支出的损失，应从该账户的贷方分别转入“其他应收款”和“营业外支出”账户的借方；计入产品成本的损失，则应从该账户的贷方转入“基本生产成本”账户的借方。

对于记入生产成本账户的停工损失，如果车间只生产一种产品，则将停工损失直接转入该种产品成本；如果车间生产两种以上的产品，还需要将停工损失在各种产品中进行分配，分配后再分别计入各种产品成本。分配方法与制造费用的分配相同。通过上述归集和分配，“停工损失”账户应无月末余额。

如果企业停工损失较少发生，也可以不设置“停工损失”账户，停工期间发生的费用可区别情况，直接记入“制造费用”或“营业外支出”等账户以便分别反映。

## 第六节　期间费用核算

期间费用主要包括管理费用、财务费用及销售费用。

### 一、管理费用核算

管理费用是指企业为组织和管理生产经营活动而产生的各种费用，包括公司经费、工会经费、失业保险费、劳动保险费、董事会费、聘请中介机构费、咨询费、诉讼费、业务招待费、技术转让费、职工教育经费等。

当发生以上相关经济业务时，需做会计分录如下：

借：管理费用——明细账户

　　贷：银行存款/累计摊销/应付职工薪酬等

期末，需将“管理费用”账户余额结转至“本年利润”账户，会计分录如下：

借：本年利润

　　贷：管理费用——明细账户

结转后本账户无余额。

【例 3—18】誉城公司行政部门本月发生招待费 500 元、差旅费 1,200 元、工资薪酬支出 6,000 元，全部由银行转账支付。编制会计分录如下：

借：管理费用——招待费　　500

　　　　　　——差旅费　　1,200

　　　　　　——工资　　6,000

　　贷：银行存款　　7,700

## 二、财务费用核算

财务费用是指企业为筹集生产经营所需资金而发生的费用，包括利息支出（减利息收入）、汇兑损失（减汇兑收益）以及相关的手续费等。

企业发生各项财务费用时，相关会计分录如下：

借：财务费用——明细账户

　　贷：银行存款 / 长期借款等

发生利息收入、汇兑收益时，做相反的会计分录如下：

借：银行存款 / 长期借款等

　　贷：财务费用——明细账户

期末，应将相关财务费用结转至“本年利润”账户。

【例 3—19】誉城公司支付 20×× 年 3 月借款利息 5,000 元，该借款本金 100 万元，年利率 6%，按月结算利息，期限 8 个月；发生跨行转账手续费 1,000 元。编制会计分录如下：

借：财务费用——利息支出　　5,000

　　　　　　——手续费　　1,000

　　贷：银行存款　　6,000

## 三、销售费用核算

销售费用是指企业在销售商品过程中发生的各项费用，包括广告费、展览费以及企业专设销售机构的职工工资及职工福利费、业务费等经营费用。

企业发生各项销售费用时，相关会计分录如下：

借：销售费用——明细账户

　　贷：库存现金 / 银行存款 / 应付职工薪酬等

结转销售费用时，相关会计分录如下：

借：本年利润

　　贷：销售费用——明细账户

**【例 3—20】** 誉城公司本月发生广告费 8,000 元、展览费 1,600 元，全部现金结算。

借：销售费用——广告费　　8,000

　　　　　　——展览费　　1,600

　　贷：库存现金　　9,600

### 知识链接

**管理费用核算范围变化**

财政部《关于印发〈增值税会计处理规定〉的通知》（财会〔2016〕22 号）规定：全面试行营业税改征增值税后，“营业税金及附加”科目名称调整为“税金及附加”科目，该科目核算企业经营活动发生的消费税、城市维护建设税、资源税、教育费附加及房产税、土地使用税、车船使用税、印花税等相关税费；利润表中的“营业税金及附加”项目调整为“税金及附加”项目，意味着房产税、车船使用税、土地使用税、印花税不在“管理费用”科目核算了。

## 第七节　完工产品与在产品费用分配核算

### 一、在产品数量核算

#### 1. 在产品含义及特点

在产品是指没有完成全部生产过程、不能作为商品销售的产品，包括正在车间加工中的在产品、正在返修的废品和已经完成一个或几个生产步骤但还需要继

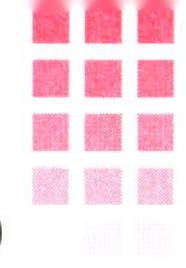



续加工的半成品（包括未经验收入库的产品和等待返修的废品），不包括对外销售的自制半成品。对某个车间或生产步骤而言，在产品只包括该车间或该生产步骤正在加工中的那部分在产品。企业的在产品一般具有如下特点：

（1）流动性大

在工业生产中，从原材料投入到产成品产出，中间往往经过若干道生产工序。因此要减少在产品在各道工序间的停留时间与损耗，从而减少在产品资金占用，降低生产损耗。

（2）完工程度不同

期末停留在各个工序的在产品往往处于不同的加工程度，因而每道工序的在产品体现出了不同的产品完工程度。

（3）种类繁多

一般情况下，在产品的品种规格繁多，装配式生产企业尤为突出。

（4）成本计算复杂

由于在产品具有品种规格多、流动性大、各个加工步骤的完成程度不同等特点，导致其成本计算较为复杂。

### 2. 在产品数量的核算方法

在产品数量的核算是进行在产品成本计算的基础。在产品数量的核算同其他物资数量的核算一样，应同时具备账面核算资料和实际盘点资料。企业计算在产品成本时，应当根据在产品实际盘存数量确定期末在产品结存数量，但对于在产品品种多、数量大、每月都要组织在产品实地盘点确有困难的企业以及可实施盘点但成本费用过高的企业，从重要性原则出发，可以直接根据在产品账面核算资料中所登记的结存数来计算在产品成本。

在实务中，车间对在产品收发结存的日常核算，通常通过“在产品收发结存账”来进行。这种账又叫作“在产品台账”，应分别按车间或生产步骤、生产工序、产品品种和在产品名称予以设立，反映车间各种在产品的收入、发出和结存情况。

## 二、完工产品与在产品之间费用的分配核算

月末如果既有完工产品又有在产品，产品成本明细账中归集的月初在产品生产成本与本月发生的成本之和，则应当在完工产品与月末在产品之间，采用适当的分配方法，进行分配和归集，以计算完工产品和月末在产品的成本。

月初在产品成本、本月发生的生产费用、本月完工产品成本和月末在产品成

本四者之间的关系可用下式表示：

月初在产品成本＋本月发生的生产费用＝本月完工产品成本＋月末在产品成本

## 1. 不计算在产品成本法

产品每月发生的成本，全部由完工产品负担，其每月发生的成本之和即为每月完工产品成本。这种方法适用于月末在产品数量很小的产品。

【例 3—21】誉城公司采用不计算在产品成本法进行产品的成本计算。某月该公司共发生生产费用 29,074 元，其中原材料费用 19,036 元，直接人工费用 6,780 元，制造费用 3,258 元，本月完工产品 100 公斤，月末在产品数量很小，故忽略不计。要求：计算当月完工产品的总成本和单位成本。

解析：由于该公司采用不计算在产品成本法进行产品的成本计算，所以本月发生的全部生产费用即为完工产品的总成本。

本月完工产品总成本：29,074 元（19,036+6,780+3,258=29,074）。

其中，直接材料项目总成本 19,036 元，直接人工项目总成本 6,780 元，制造费用项目总成本 3,258 元。

## 2. 在产品按固定成本计价法

各月末在产品的成本固定不变，某种产品本月发生的生产成本就是本月完工产品的成本。但在年末，在产品成本不应再按固定不变的金额计价，否则会使按固定金额计价的在产品成本与其实际成本有较大差异，影响产品成本计算的正确性。这种方法适用于月末在产品数量较多、但各月变化不大的产品，或月末在产品数量很小的产品。

【例 3—22】誉城公司主要生产 A 产品，其生产较为稳定，各月月末在产品数量平稳，变动不大，故采用在产品按固定成本计价法计算 A 产品成本。经测定，公司各月末在产品总固定成本为 9,800 元，其中直接材料 5,000 元，直接人工 3,200 元，制造费用 1,600 元。本月月初在产品 90 件，本月投产 800 件，本月完工 805 件。本月发生生产费用 144,900 元，其中直接材料 84,525 元，直接人工 40,250 元，制造费用 20,125 元。要求：将生产费用在本月完工产品和月末在产品之间进行分配。

解析：公司采用在产品按固定成本计价法，月初、月末在产品成本相同，均为 9,800 元，故本月完工产品总成本为 144,900 元，月末在产品成本为 9,800 元。

本月完工产品总成本：144,900 元。其中，直接材料项目总成本 84,525 元，直接人工项目总成本 40,250 元，制造费用项目总成本 20,125 元。

月末在产品总成本：9,800 元。其中，直接材料项目成本 5,000 元，直接人工项目成本 3,200 元，制造费用项目成本 1,600 元。

### 3. 在产品按所耗直接材料成本计价法

月末在产品只计算其所耗直接材料成本，不计算直接人工等加工成本。这种方法适用于各月月末在产品数量较多，各月在产品数量变化也较大，直接材料成本在生产成本中所占比重较大且材料在生产开始时一次就全部投入的产品。

【例 3—23】假定某产品的直接材料费用比重较大，在产品只计算直接材料费用。该种产品月初在产品直接材料 9,400 元，本月发生直接材料 28,000 元，直接人工 2,600 元，制造费用 2,300 元，完工产品 840 件，月末在产品 160 件。原材料在生产开始时一次投入。试计算该产品直接材料成本费用。

解析：由于原材料是在生产开始时一次投入的，因而不论完工产品还是在产品，也不论在产品完工程度多少，每件完工产品和在产品所耗直接材料的数量相等，直接材料费用可以按完工产品和在产品的数量分配。具体见表 3—14。

表 3—14　月末在产品成本按所耗直接材料成本计价法计算分配表

单位：元

| 成本项目 | 费用合计 | 费用分配率 | 完工产品成本（数量 840 件） | 月末在产品成本（数量 160 件） |
|---|---|---|---|---|
| 直接材料 | 37,400 | 37.4 | 31,416 | 5,984 |
| 直接人工 | 2,600 | | 2,600 | 0 |
| 制造费用 | 2,300 | | 2,300 | 0 |
| 合计 | 42,300 | | 36,316 | 5,984 |

直接材料费用分配率 =（9,400+28,000）÷（840+160）=37.4

完工产品直接材料费用 =840 × 37.4=31,416（元）

月末在产品直接材料费用（即月末在产品成本）=160 × 37.4=5,984（元）

### 4. 约当产量比例法

约当产量比例法是将月末在产品数量按照完工程度折算为相当于完工产品的产量，即约当产量，然后按照完工产品产量与月末在产品约当产量的比例分配计算完工产品成本和月末在产品成本。这种方法适用于月末在产品数量较多，各月在产品数量变化也较大，且生产成本中直接材料成本和直接人工等加工成本的比重相差不大的产品。

【例 3—24】假定某种产品本月完工 180 件，月末在产品 50 件，在产品完工程度为 40%，月初在产品和本月发生的直接人工费用共 16,000 元。分配计算如下：

月末在产品约当产量 =50×40%=20（件）

直接人工费用分配率 =16,000÷（180+20）=80

完工产品负担直接人工费用 =180×80=14,400（元）

月末在产品负担直接人工费用 =20×80=1,600（元）

### 5. 在产品按定额成本计价法

月末在产品成本按定额成本计算，是指该种产品的全部成本（如果有月初在产品，包括月初在产品成本在内）减去按定额成本计算的月末在产品成本，余额作为完工产品成本；每月生产成本脱离定额的节约差异或超支差异全部计入当月完工产品成本。这种方法适用于各项消耗定额或成本定额比较准确、稳定，而且各月末在产品数量变化不是很大的产品。其计算公式如下：

月末在产品成本 = 月末在产品数量 × 在产品单位定额成本

完工产品总成本 = 月初在产品成本 + 本月发生生产成本 − 月末在产品成本

完工产品单位成本 = 完工产品总成本 ÷ 产成品产量

【例 3—25】假设甲、乙产品的月末在产品采用按定额成本计价的方法。甲产品单位直接材料费用定额为 60 元（原材料在生产开始时一次投入），在产品工时定额为 100 小时；乙产品单位直接材料费用定额为 50 元，在产品工时定额 40 小时。其他有关资料及月末在产品定额成本的计算结果见表 3—15。

表 3—15　　月末在产品定额成本计算表　　单位：元

| 产品名称 | 在产品数量（件） | 直接材料定额费用 | 定额工时（小时） | 燃料及动力（单位工时定额 2.1） | 直接人工（单位工时定额 1.5） | 制造费用（单位工时定额 2） | 定额成本合计 |
|---|---|---|---|---|---|---|---|
| 甲产品 | 28 | 1,680 | 2,800 | 5,880 | 4,200 | 5,600 | 17,360 |
| 乙产品 | 16 | 800 | 640 | 1,536 | 1,088 | 1,280 | 4,704 |
| 合计 | | 2,480 | 3,440 | 7,416 | 5,288 | 6,880 | 22,064 |

### 6. 定额比例法

产品的生产成本在完工产品与月末在产品之间按照两者的定额消耗量或定额成本比例分配。这种方法适用于各项消耗定额或成本定额比较准确、稳定，但各月末在产品数量变动较大的产品。

【例 3—26】假定某种产品月初在产品费用为：直接材料 85,000 元，燃料及动力 15,400 元，直接人工 5,800 元，制造费用 12,400 元，合计 118,600 元；本月生产费用为：直接材料 112,000 元，燃料及动力 23,640 元，直接人工 8,460 元，制造费用 26,350 元，合计 170,450 元；完工产品的定额直接材料 152,000 元，定额燃料及动力 36,000 元，定额工时 10,000 小时；月末在产品的定额直接材料 48,000 元，定额燃料及动力 14,000 元，定额工时 5,500 小时。在完工产品与月末在产品之间，直接材料和燃料及动力费用按各定额费用比例分配，其他各项费用按定额工时比例分配。

根据上述资料，分配计算见表 3—16。

表 3—16　　完工产品与月末在产品费用分配表　　单位：元

| 成本项目 | | | 直接材料 | 燃料及动力 | 直接人工 | 制造费用 | 合计 |
|---|---|---|---|---|---|---|---|
| ① | 月初在产品成本 | | 85,000 | 15,400 | 5,800 | 12,400 | 118,600 |
| ② | 本月生产费用 | | 112,000 | 23,640 | 8,460 | 26,350 | 170,450 |
| ③ = ① + ② | 生产费用累计 | | 197,000 | 39,040 | 14,260 | 38,750 | 289,050 |
| ④ = ③ ÷ ( ⑤ + ⑦ ) | 费用分配率 | | 0.985 | 0.7808 | 0.92 | 2.5 | |
| ⑤ | 完工产品成本 | 定额 | 152,000 | 36,000 | 10,000 | 10,000 | |
| ⑥ = ⑤ × ④ | | 实际 | 149,720 | 28,108.8 | 9,200 | 25,000 | 212,028.8 |
| ⑦ | 月末在产品成本 | 定额 | 48,000 | 14,000 | 5,500 | 5,500 | |
| ⑧ = ⑦ × ④ | | 实际 | 47,280 | 10,931.2 | 5,060 | 13,750 | 77,021.2 |

**知识链接**

**几种存货的区分**

存货按照经济用途可以分为以下几类：

（1）原材料。它是指企业在生产过程中经加工改变其形态或性质并构成产品主要实体的各种原料及主要材料、辅助材料、燃料、修理用备料、包装材料、外购半成品等。

（2）在产品。它是指在企业尚未加工完成，需要进一步加工且正在加工的在制品。

（3）半成品。它是指企业已完成一定生产过程的加工任务，并已验收合格入库，但还需要进一步加工的中间产品。

（4）产成品。它是指企业已完成全部生产过程并验收合格入库，可以按照合同规定的条件送交订货单位，或可以作为商品对外销售的产品。

（5）商品。它是指商品流通企业外购或委托加工完成验收入库用于销售的各种商品。

（6）周转材料。它是指企业能够多次使用、逐渐转移其价值仍保持原有形态、不确认为固定资产的材料，如包装物和低值易耗品。

（7）委托代销商品。它是指企业委托其他单位代销的商品。

## 思考题

1. 材料费用的分配方法有哪几种?
2. 职工薪酬包括哪些内容?
3. 辅助生产费用分配方法有几种?
4. 制造费用归集的账务处理是如何规定的?
5. 简述废品损失与停工损失核算的内容。
6. 生产费用在完工产品与在产品之间分配的方法有哪几种?

# 第四章
# 制造成本核算

## 学习目标

1. 掌握品种法核算的特点、适用范围与核算方法。
2. 掌握分批法核算的特点、适用范围与核算方法。
3. 掌握分步法核算的特点、适用范围与核算方法。

制造成本是指企业为生产产品或提供劳务等发生的直接费用支出，一般包括直接材料、直接人工和制造费用，由于它不包括各种期间费用，有别于作为增量产量的定价依据的变动成本和产品定价依据的完全成本。

企业可以根据生产工艺特点、生产经营组织类型和成本管理要求，具体确定成本计算方法。成本计算的基本方法有品种法、分批法和分步法三种。

# 第一节 品种法核算

## 一、品种法概述

产品成本计算的品种法，也称简单法，是以产品品种为产品成本计算对象，归集和分配生产费用的方法。它适用于大量大批的单步骤生产的企业。在这种类型的生产中，产品的生产技术过程不能从技术上划分为步骤（如企业或车间的规模较小，或者车间是封闭式的，也就是从原材料投入到产品产出的全部生产过程都是在一个车间内进行的），或者生产是按流水线组织的，管理上不要求按照生产步骤计算产品成本，都可以按品种法计算产品成本。

品种法的特点如下：

第一，成本计算对象是产品品种。如果企业只生产一种产品，全部生产费用都是直接费用，可直接计入该产品成本计算单的有关成本项目中，不存在在各成本计算对象之间分配费用的问题。如果是生产多种产品，间接费用则要采用适当的方法，在各成本计算对象之间进行分配。

第二，品种法下一般定期（每月月末）计算产品成本。

第三，如果企业月末有在产品，要将生产费用在完工产品和在产品之间进行分配。

## 二、品种法核算的一般程序

按照产品的品种计算成本，是成本管理对于成本计算的最一般要求，成本计算的一般程序也就是品种法的成本计算程序。

1. 按产品品种设立成本明细账，根据各项费用的原始凭证及相关资料编制有关记账凭证并登记有关明细账（辅助生产成本明细账、基本生产明细账、制造费用明细账），并编制各种费用分配表分配各种要素费用。

2. 根据各种费用分配表和其他有关资料，登记辅助生产明细账、基本生产明细账、制造费用明细账等。

3. 分配辅助生产成本。

4. 分配制造费用。

5. 分配完工产品和在产品成本。

6. 结转产成品成本。

## 三、品种法核算示例

现以某企业大量大批单步骤生产产品的成本计算为例，说明产品成本计算品种法的应用。

【例 4—1】誉城公司对其生产的产品采用品种法核算，现将其所列举的各种费用的归集和分配的数字按品种法的要求显示在甲、乙两种产品的成本计算单中，具体资料见表 4—1、表 4—2。

表 4—1 甲产品成本计算单

完工产成品数量：600 件

产品名称：甲产品　　20×× 年 5 月　　单位：元

| 成本项目 | 月初在产品成本 | 本月生产费用 | 生产费用合计 | 产成品成本 | | 月末在产品成本 |
|---|---|---|---|---|---|---|
| | | | | 总成本 | 单位成本 | |
| 直接材料费 | 16,000 | 64,000 | 80,000 | 72,000 | 120 | 8,000 |
| 直接人工费 | 9,000 | 31,000 | 40,000 | 36,600 | 61 | 3,400 |
| 燃料和动力费 | 18,475 | 67,000 | 85,475 | 78,900 | 131.5 | 6,575 |
| 制造费用 | 6,290 | 22,960 | 29,250 | 27,000 | 45 | 2,250 |
| 合计 | 49,765 | 184,960 | 234,725 | 214,500 | 357.5 | 20,225 |

表 4—2 乙产品成本计算单

完工产成品数量：500 件

产品名称：乙产品　　20×× 年 5 月　　单位：元

| 成本项目 | 月初在产品成本 | 本月生产费用 | 生产费用合计 | 产成品成本 | | 月末在产品成本 |
|---|---|---|---|---|---|---|
| | | | | 总成本 | 单位成本 | |
| 直接材料费 | 10,000 | 30,000 | 40,000 | 35,000 | 70 | 5,000 |
| 直接人工费 | 2,544 | 18,240 | 20,784 | 17,320 | 34.64 | 3,464 |
| 燃料和动力费 | 8,020 | 41,300 | 49,320 | 41,100 | 82.2 | 8,220 |
| 制造费用 | 1,300 | 13,120 | 14,420 | 12,010 | 24.02 | 2,410 |
| 合计 | 21,864 | 102,660 | 124,524 | 105,430 | 210.86 | 19,094 |

根据表4—1、表4—2，编制完工产品入库的会计分录如下：

借：产成品——甲产品　　214,500

　　　　——乙产品　　105,430

　贷：生产成本——基本生产成本——甲产品　　214,500

　　　　　　　　　　　　　　——乙产品　　105,430

# 第二节　分批法核算

## 一、分批法概述

产品成本计算的分批法，是按照产品批别归集生产费用、计算产品成本的方法。它主要适用于单件小批类的生产，如造船业、重型机器设备制造业等；也可用于一般企业中的新产品试制或试验的生产、在建工程以及设备修理作业等。

分批法的特点如下：

第一，成本计算对象是产品的批别。由于产品的批别大多是根据销货订单确定的，因此，这种方法又称为订单法。

第二，在分批法下，产品成本的计算是与生产任务通知单的签发和生产任务的完成紧密配合的，因此产品成本计算是不定期的。成本计算期与产品生产周期基本一致，而与核算报告期不一致。

第三，在分批法下，由于成本计算期与产品的生产周期基本一致，因而在计算月末产品成本时，一般不存在完工产品与在产品之间分配费用的问题。但是，有时会出现同一批次完工产品跨月陆续完工的情况，为了提供月末完工产品成本，需要将归集的生产费用分配计入完工产品和期末在产品。

## 二、分批法核算的一般程序

1. 按产品批别设置产品基本生产成本明细账、辅助生产成本明细账。账内按成本项目设置专栏，按车间设置制造费用明细账。同时，设置待摊费用、预提费用等明细账。

2. 根据各生产费用的原始凭证或原始凭证汇总表及其他有关资料，编制各种要素费用分配表，分配各要素费用并登账。

对于直接费用，应按产品批别列示直接计入各个批别的产品成本明细账；对于间接费用，应按生产地点归集，并按适当的方法分配计入各个批别的产品成本明细账。

3. 月末根据完工批别产品的完工通知单，将已完工的该批产品的成本明细账所归集的生产费用，按成本项目加以汇总，计算出该批完工产品的总成本和单位成本，并转账。

## 三、分批法核算示例

现以某企业小批量生产产品的成本计算为例，说明产品成本计算分批法的应用。

【例 4—2】誉城公司按照购货单位的要求，组织小批量生产甲、乙两类产品，采用分批法计算产品成本。该公司 4 月份投产甲产品 10 件，批号为 401，5 月份全部完工；5 月份投产乙产品 60 件，批号为 501，当月完工 40 件，并已交货，还有 20 件尚未完工。401 批和 501 批产品成本计算单见表 4—3、表 4—4。各种费用的归集和分配过程省略。

表 4—3　　甲产品成本计算单

开工日期：4 月 15 日

批号：401　　产品名称：甲产品　　完工日期：5 月 22 日

委托单位：艾力特公司　　批量：10 件　　单位：元

| 项目 | | 直接材料费 | 直接人工费 | 制造费用 | 合计 |
|---|---|---|---|---|---|
| 4 月末余额 | | 13,500 | 900 | 5,400 | 19,800 |
| 5 月发生费用 | 据材料费用分配表 | 4,500 | | | 4,500 |
| | 据工资费用分配表 | | 1,700 | | 1,700 |
| | 据制造费用分配表 | | | 8,000 | 8,000 |
| 合计 | | 18,000 | 2,600 | 13,400 | 34,000 |
| 结转产成品（10 件）成本 | | 18,000 | 2,600 | 13,400 | 34,000 |
| 单位成本 | | 1,800 | 260 | 1,340 | 3,400 |

表 4—4　　乙产品成本计算单

开工日期：5 月 6 日

批号：501　　产品名称：乙产品　　完工日期：5 月 25 日

委托单位：正源公司　　批量：60 件　　单位：元

| 项目 | | 直接材料费 | 直接人工费 | 制造费用 | 合计 |
|---|---|---|---|---|---|
| 5 月发生费用 | 据材料费用分配表 | 18,000 | | | 18,000 |
| | 据工资费用分配表 | | 1,650 | | 1,650 |
| | 据制造费用分配表 | | | 4,800 | 4,800 |
| 合计 | | 18,000 | 1,650 | 4,800 | 24,450 |
| 结转产成品（40 件）成本 | | 12,000 | 1,320 | 3,840 | 17,160 |
| 单位成本 | | 300 | 33 | 96 | 429 |
| 月末在产品成本 | | 6,000 | 330 | 960 | 7,290 |

【例 4—2】中，401 批甲产品 5 月份全部完工，所以发生的产品生产费用合计即为完工产品总成本。501 批甲产品月末部分完工，而且完工产品数量占总指标的比重较大，应采用适当的方法将产品生产费用在完工产品与在产品之间进行分配。本例由于原材料费用在生产开始时一次投入，所以原材料费用按完工产品和在产品的实际数量按比例分配，而其他费用则按约当产量法进行分配。

1. 材料费用按完工产品产量和在产品数量比例分配

产成品应分配的材料费用 =18,000÷（40+20）×40=12,000（元）

在产品应分配的材料费用 =18,000÷（40+20）×20=6,000（元）

2. 其他费用按约当产量法分配

（1）计算 501 批乙产品在产品约当产量，见表 4—5。

表 4—5　乙产品约当产量计算表　单位：件

| 工序 | 完工程度 | 在产品 | 完工产品 | 产量合计 | |
|---|---|---|---|---|---|
| | ① | ② | ③ = ① × ② | ④ | ⑤ = ③ + ④ |
| 1 | 15% | 4 | 0.6 | | |
| 2 | 25% | 4 | 1 | | |
| 3 | 70% | 12 | 8.4 | | |
| 合计 | — | 20 | 10 | 40 | 50 |

（2）直接人工费用按约当产量法分配：

产成品应分配的直接人工费用 =1,650 ÷（40+10）×40=1,320（元）

在产品应分配的直接人工费用 =1,650 ÷（40+10）×10=330（元）

（3）制造费用按约当产量法分配：

产成品应分配的制造费用 =4,800 ÷（40+10）×40=3,840（元）

在产品应分配的制造费用 =4,800 ÷（40+10）×10=960（元）

将各项费用分配结果记入 501 批乙产品成本计算单（表 4—4），即可计算出乙产品的产成品成本和月末在产品成本。

## 第三节　分步法核算

### 一、分步法概述

产品成本计算的分步法，是以产品生产步骤和产品品种为成本计算对象，归集和分配生产费用、计算产品成本的方法。它适用于大量大批的多步骤生产，如纺织、冶金、汽车制造等大量大批的制造企业。在这类企业中，产品生产可以分为若干个生产步骤，管理上既要求按照产品品种计算成本，又要求按照生产步骤计算成本，以便为考核和分析各种产品及各生产步骤的成本计划的执行情况提供资料。

在实际工作中，根据成本管理对各生产步骤成本资料的不同要求（是否要求计算半成品成本）和简化核算的要求，各生产步骤成本的计算和结转，一般采用逐步结转和平行结转两种方法，称为逐步结转分步法和平行结转分步法。

## 二、逐步结转分步法

逐步结转分步法是按照产品加工的顺序，逐步计算并结转半成品成本，直到最后加工步骤才能计算产成品成本的方法。它是按照产品加工顺序先计算第一个加工步骤的半成品成本，然后结转给第二个加工步骤，这时，第二步骤把第一步骤转来的半成品成本加上本步骤耗用的材料和加工费用，即可求得第二个加工步骤的半成品成本，如此顺序逐步转移累计，直到最后一个加工步骤才能计算出产成品成本。逐步结转分步法就是为了分步计算半成品成本而采用的一种分步法，也称计算半成品成本分步法。

逐步结转分步法具有以下特点：

第一，能够提供各个生产步骤的半成品成本资料。

第二，能够为各生产步骤的在产品实物管理及资金管理提供资料。

第三，能全面地反映各生产步骤的生产耗费水平，更好地满足各生产步骤成本管理要求。

这种方法适用于大量大批连续式复杂生产的企业。这类企业有的不仅将最终产成品作为商品对外销售，而且生产步骤所产半成品也经常作为商品对外销售。例如，钢铁厂的生铁、钢锭，汽车制造厂的各种零部件，纺织厂的棉纱等，需要计算半成品成本。逐步结转分步法计算程序如图 4-1 所示。

【例 4—3】誉城公司甲产品生产分两个步骤在两个车间内进行，第一车间为第二车间提供半成品，半成品收发通过半成品库进行。两个车间的月末在产品均按定额成本计价。成本计算程序如下：

（1）根据各种费用分配表、半成品产量月报和第一车间在产品定额成本资料（这些费用的归集分配同品种法一样，故过程省略，下同），登记第一车间甲产品（半成品）成本计算单，见表 4—6。

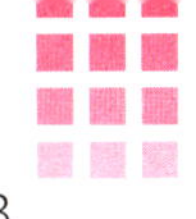

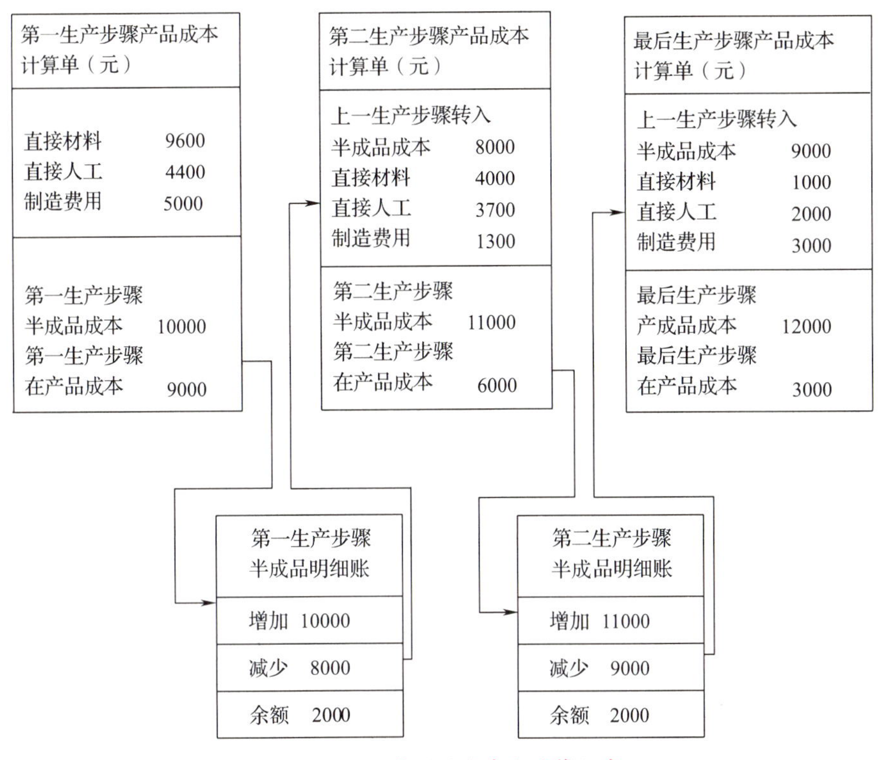


图 4—1 逐步结转分步法计算程序

表 4—6 甲产品（半成品）成本计算单

第一车间 20×× 年 5 月 单位：元

| 项目 | 产量（件） | 直接材料费 | 直接人工费 | 制造费用 | 合计 |
|---|---|---|---|---|---|
| 月初在产品定额成本 | | 61,000 | 7,000 | 5,400 | 73,400 |
| 本月生产费用 | | 89,500 | 12,500 | 12,500 | 114,500 |
| 合计 | | 150,500 | 19,500 | 17,900 | 187,900 |
| 完工半成品转出 | 800 | 120,000 | 16,000 | 15,200 | 151,200 |
| 月末在产品定额成本 | | 30,500 | 3,500 | 2,700 | 36,700 |

根据第一车间甲产品（半成品）成本计算单和半成品入库单，编制会计分录如下：

借：自制半成品 151,200

　　贷：生产成本——基本生产成本——第一车间（甲产品） 151,200

（2）根据第一车间甲产品（半成品）成本计算单、半成品入库单以及第二车间半成品领用单，登记半成品明细账见表 4—7。

表 4—7　　半成品明细账

| 月份 | 月初余额 | | 本月增加 | | 合计 | | | 本月减少 | |
|---|---|---|---|---|---|---|---|---|---|
| | 数量（件） | 实际成本（元） | 数量（件） | 实际成本（元） | 数量（件） | 实际成本（元） | 单位成本（元） | 数量（件） | 实际成本（元） |
| 5 | 300 | 55,600 | 800 | 151,200 | 1,100 | 206,800 | 188 | 900 | 169,200 |
| 6 | 200 | 37,600 | | | | | | | |

根据半成品明细账所列半成品单位成本资料和第二车间半成品领用单，编制会计分录如下：

借：生产成本——基本生产成本——第二车间（甲产品）　169,200

　　贷：自制半成品　169,200

（3）根据各种费用分配表、半成品领用单、产成品产量月报以及第二车间在产品定额成本资料，登记第二车间甲产品（产成品）成本计算单，见表 4—8。

表 4—8　　甲产品（产成品）成本计算单

第二车间　　20×× 年 5 月　　单位：元

| 项目 | 产量（件） | 直接材料费 | 直接人工费 | 制造费用 | 合计 |
|---|---|---|---|---|---|
| 月初在产品定额成本 | | 37,400 | 1,000 | 1,100 | 39,500 |
| 本月生产费用 | | 169,200 | 19,850 | 31,450 | 220,500 |
| 合计 | | 206,600 | 20,850 | 32,550 | 260,000 |
| 产成品转出 | 500 | 18,9000 | 19,500 | 30,000 | 238,500 |
| 单位成本 | | 378 | 39 | 60 | 477 |
| 月末在产品定额成本 | | 17,600 | 1,350 | 2,550 | 21,500 |

根据第二车间甲产品（产成品）成本计算单和产成品入库单，编制会计分录如下：

借：产成品　238,500

　　贷：生产成本——基本生产成本——第二车间（甲产品）　238,500

## 三、平行结转分步法

平行结转分步法是指在计算各步骤成本时，不计算各步骤所产半成品成本，也不计算各步骤所耗上一步骤的半成品成本，而只计算本步骤发生的各项其他费用，以及这些费用中应计入产成品成本的份额，将相同产品的各步骤成本明细账

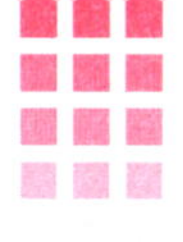



中的这些份额平行结转、汇总，即可计算出该种产品的生产成本。这种结转各步骤成本的方法，称为平行结转分步法，也称不计算半成品成本分步法。

平行结转分步法的特点如下：

第一，各步骤可同时计算产品成本，平行汇总计入产成品成本，不必逐步结转半成品成本。

第二，能够直接提供按原始成本项目反映的产成品成本资料，不必进行成本还原，因而能够简化和加速成本计算工作。

第三，不能提供各个步骤的半成品成本资料，在产品的费用在产品最后完成以前，不随实物转出而转出，即不按其所在的地点登记，而按其发生的地点登记，因而不能为各个生产步骤在产品的实物和资金管理提供资料。

第四，各生产步骤的产品成本不包括所耗半成品费用，因而不能全面反映各步骤产品的生产耗费水平（第一步骤除外），不能更好地满足这些步骤成本管理的要求。

采用平行结转分步法的成本计算对象是各种产成品及其经过的各生产步骤中的成本份额，而各步骤的产品生产费用并不随着半成品实物的转移而结转。其计算程序如图 4—2 所示。

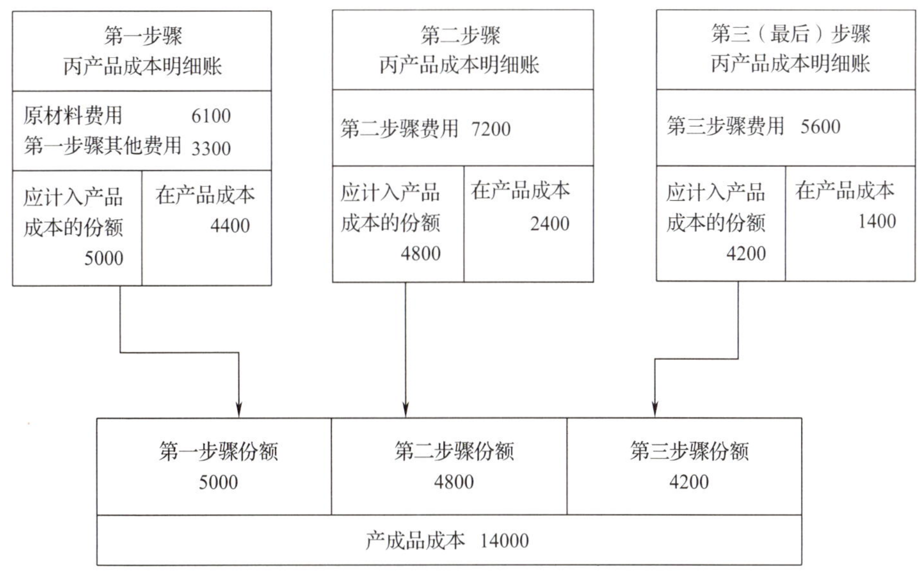


图 4—2 平行结转分步法计算程序

从图 4—2 可以看出，各生产步骤不计算本步骤的半成品成本，尽管半成品的实物转入下一生产步骤，但其成本并不结转到下一生产步骤的成本计算单中，只是产品最终完工入库时，才将各步骤费用中应由完工产成品负担的份额，从各步骤成本计算单中转出，平行汇总计算产成品的成本。

采用平行结转分步法，每一生产步骤的生产费用也要在其完工产品与月末在产品之间进行分配。但这里的完工产品是指企业最终完工的产成品；这里的在产品是指各步骤尚未加工完成的在产品和各步骤已完工但尚未最终完成的产品。

【例 4—4】誉城公司甲产品生产分两个步骤在两个车间内进行，第一车间为第二车间提供半成品，第二车间将其加工为产成品。各种生产费用归集与分配过程省略，数字在各成本计算单中列示。产成品和月末在产品之间分配费用的方法采用定额比例法；材料费用按定额材料费用比例分配，其他费用按定额工时比例分配。

（1）定额材料见表 4—9。假定该公司月末没有盘点在产品，月末在产品的定额资料，需根据月初在产品定额资料加本月投产的定额资料减去产成品的定额资料计算得出。

表 4—9　　甲产品定额资料　　单位：元

| 生产步骤 | 月初在产品 | | 本月投入 | | 产成品 | | | | |
|---|---|---|---|---|---|---|---|---|---|
| | | | | | 单件定额 | | 产量（件） | 总定额 | |
| | 材料费用 | 工时（小时） | 材料费用 | 工时（小时） | 材料费用 | 工时（小时） | | 材料费用 | 工时（小时） |
| 第一车间份额 | 67,650 | 2,700 | 98,450 | 6,300 | 293 | 14 | 500 | 146,500 | 7,000 |
| 第二车间份额 | | 2,400 | | 9,600 | | 20 | 500 | | 10,000 |
| 合计 | 67,650 | 5,100 | 98,450 | 15,900 | | 34 | | 146,500 | 17,000 |

（2）根据定额资料、各种费用分配表和产成品产量月报，登记第一、第二车间成本计算单，见表 4—10、表 4—11。

表 4—10　　甲产品（第一车间）成本计算表

第一车间　　20×× 年 5 月　　单位：元

| 项目 | 产成品产量(件) | 直接材料费 | | 定额工时（小时） | 直接人工 | 制造费用 | 合计 |
|---|---|---|---|---|---|---|---|
| | | 定额 | 实际 | | | | |
| 月初在产品 | | 67,650 | 61,651 | 2,700 | 7,120 | 10,000 | 78,771 |
| 本月生产费用 | | 98,450 | 89,500 | 6,300 | 12,500 | 12,500 | 114,500 |
| 合计 | | 166,100 | 151,151 | 9,000 | 19,620 | 22,500 | 193,271 |
| 分配率 | | 0.91 | | | 2.80 | 2.50 | |
| 产成品中本步骤份额 | 500 | 146,500 | 133,315 | 7,000 | 15,260 | 17,500 | 166,075 |
| 月末在产品 | | 1,900 | 17,836 | 2,000 | 4,360 | 5,000 | 27,196 |

表 4—11　　甲产品（第二车间）成本计算表

第二车间　　20×× 年 5 月　　单位：元

| 项目 | 产成品产量（件） | 直接材料费 | | 定额工时（小时） | 直接人工 | 制造费用 | 合计 |
|---|---|---|---|---|---|---|---|
| | | 定额 | 实际 | | | | |
| 月初在产品 | | | | 2,400 | 8,590 | 8,150 | 16,740 |
| 本月生产费用 | | | | 9,600 | 19,850 | 31,450 | 51,300 |
| 合计 | | | | 12,000 | 28,440 | 39,600 | 68,040 |
| 分配率 | | | | | 2.37 | 3.30 | |
| 产成品中本步骤份额 | 500 | | | 10,000 | 23,700 | 33,000 | 56,700 |
| 月末在产品 | | | | 2,000 | 4,740 | 6,600 | 11,340 |

（3）根据第一、第二车间成本计算单，平行汇总产成品成本，见表 4—12。

表 4—12　　甲产品成本汇总计算表

20×× 年 5 月　　单位：元

| 生产车间 | 产成品数量（件） | 直接材料费用 | 直接人工费用 | 制造费用 | 合计 |
|---|---|---|---|---|---|
| 第一车间 | | 133,315 | 15,260 | 17,500 | 166,075 |
| 第二车间 | | | 23,700 | 33,000 | 56,700 |
| 合计 | 500 | 133,315 | 38,960 | 50,500 | 222,775 |
| 单位成本 | | 266.63 | 77.92 | 101 | 445.55 |

## 知识链接

### ABC 成本法和分类法

品种法、分批法和分步法是传统的制造成本核算方法，除此之外，还有ABC 成本法和分类法。

ABC 成本法：从 20 世纪 70 年代开始，在一些发达国家开始研究作业成本法（ABC 法），现已被很多国家采用。它是一种将制造费用等间接费用不按传统的（以车间为费用归集和分配对象）方法，而是以“作业”为费用归集和分配对象的方法，它能够更加合理地分配间接费用，使成本的计算更加科学。由于它只是间接费用的一种分配方法，因此，企业在操作实践上还要结合其他基本核算方法来共同使用。

分类法：是在企业或车间产品品种和规格繁多的情况下，为了简化计算工作，按照一定标准分类计算成本的一种方法。该法以产品类别作为成本计算对象，根据产品所用原材料和工艺技术过程的不同，将产品划分为若干类，按照产品的类别设立产品成本明细账，按类归集产品的生产费用，计算各类产品的成本。

## 思考题

1. 简述品种法的核算对象、核算特点和适用范围。
2. 简述品种法下成本核算的一般程序。
3. 简述分批法的核算对象、核算特点和适用范围。
4. 简述分批法下成本核算的一般程序。
5. 简述分步法的核算对象、核算特点和适用范围。
6. 逐步结转分步法和平行结转分步法有哪些不同之处?

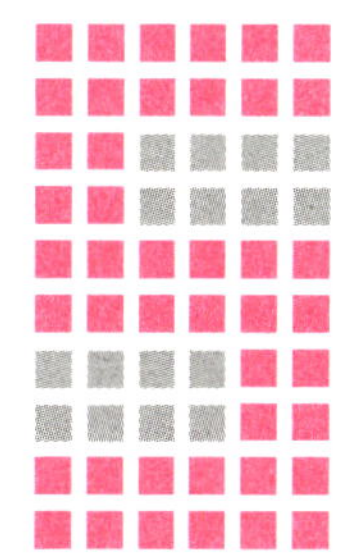

# 第五章 成本会计报表编制

学习目标

1. 了解成本会计报表的概念、意义及种类。
2. 掌握成本报表的编制依据和要求。
3. 掌握产品单位成本报表编制方法和制造费用明细表编制方法。

成本会计报表是用以反映企业生产费用与产品成本的构成及其升降变动情况，以考核各项费用与生产成本计划执行结果的会计报表，是会计报表体系的重要组成部分。通过成本报表资料，能够及时发现在生产、技术、质量和管理等方面取得的成绩和存在的问题。

# 第一节 生产成本报表编制

## 一、生产成本报表的概念及意义

### 1. 生产成本报表的概念

生产成本报表是指根据日常成本核算资料定期编制的、用于反映企业一定时期产品成本水平、考核产品成本计划和生产费用预算执行情况的书面报告。

产品成本是综合反映企业生产技术和经营管理工作水平的一项重要质量指标，编制和分析成本报表是成本会计工作的一项重要内容。

### 2. 生产成本报表的意义

生产成本报表是为企业内部管理需要而编制的，对加强成本管理，提高经济效益有重要作用。

#### （1）综合反映报告期内的产品成本

产品成本是反映企业生产经营各方面工作质量的一项综合性指标，也就是说，企业供、产、销的各个环节的经营管理水平，最终直接、间接反映到产品成本中来，通过成本报表资料，能够及时发现在生产、技术、质量和管理等方面取得的成绩和存在的问题。

#### （2）评价和考核各环节成本管理的业绩

利用成本报表上所提供的资料，经过有关指标计算、对比，可以看出各有关部门和人员在执行成本计划、费用预算过程中的成绩和差距，以便总结工作经验和教训，奖励先进，鞭策后进，调动职工积极性。

#### （3）可利用成本资料进行成本分析

通过对报表资料的分析，可以揭示成本差异对产品成本升降的影响程度以及发现产品差异的原因和责任，从而可以有针对性地采取措施，把注意力放在解决那些属于不正常的、对成本有重要影响的关键性差异上，这样可使日常成本控制和管理有更加明确的目标。

（4）为制定成本计划提供依据

企业要制定成本计划，必须明确成本计划目标。这个目标是建立在报告年度产品成本实际水平的基础上，结合报告年度成本计划执行的情况，考虑计划年度中可能变化的有利因素和不利因素，来制定新年度的成本计划。所以说，本期成本报表所提供的资料，是制定下期成本计划的重要参考资料。同时，管理部门也根据成本报表资料对未来的成本进行预测，为企业制定正确的经营决策和加强成本控制与管理提供必要的依据。

## 二、生产成本报表的分类

### 1. 按成本报表反映的内容分类

（1）反映产品成本情况的报表

这类报表有产品生产成本表、主要产品单位成本表等。这类报表主要反映报告期内企业各种产品的实际成本水平。通过本期实际成本与前期平均成本、本期计划成本对比，可以了解企业成本发展变化趋势和成本计划的完成情况，找出差距，发现薄弱环节，进一步采取有效措施，为挖掘降低成本内部潜力提供有效的资料。

产品生产成本表包括两种：一种是按产品类别编制而成的，另一种是按成本项目编制而成的。前者反映企业在报告期所生产全部产品的总成本和各种主要产品单位成本及总成本，利用此表可以定期、总括地考核和分析企业产品成本计划完成情况；后者汇总反映企业在报告期发生的全部生产费用（按成本项目反映）和全部产品总成本，利用此表可以定期、总括地考核和分析企业全部生产费用和全部产品成本计划完成情况。

（2）反映各种费用支出的报表

这类报表有制造费用明细表、管理费用明细表和销售费用明细表等，通过这类报表可以知道企业在一定时期内费用支出总额及其构成，了解费用支出的合理性，分析费用支出的变动趋势。通过编制各种费用支出报表，有利于企业和主管部门正确制定费用预算，控制费用支出，考核费用支出指标的合理性，明确有关部门和人员的经济责任，防止随意扩大费用开支范围。

### 2. 按成本报表编制的时间分类

按编制的时间，成本报表可分为月报、季报、年报。成本报表根据管理上的要求一般可按月、按季、按年编报。同时，针对企业内部管理的特殊需要，也可以按旬、按周、按日甚至按工作班来编报，以满足日常临时或特殊任务管理的需要，使成本报表及时服务于生产经营的全过程。

## 三、编制生产成本报表的依据及要求

### 1. 编制生产成本报表的依据

（1）报告期的成本账簿资料。

（2）本期成本计划及费用预算等资料。

（3）以前年度的会计报表资料。

（4）企业有关的统计资料和其他资料等。

### 2. 编制生产成本报表的要求

为了提高成本信息的质量，更好地进行成本项目分析，生产成本报表的编制应符合下列基本要求。

**（1）真实性**

即生产成本报表的指标数字必须真实可靠，能如实地反映企业实际发生的成本费用。

**（2）重要性**

即对于重要的项目（如重要的成本、费用项目），在生产成本报表中应单独列示，以显示其重要性；对于次要的项目，可以合并反映。

**（3）正确性**

即生产成本报表的指标数字要计算准确，各生产成本报表之间、主表与附表之间、各项目之间，凡是有勾稽关系的数字，应相互一致；本期报表与上期报表之间有关的数字应相互衔接。

**（4）完整性**

即应编制的各种生产成本报表必须齐全，应填列的指标和文字说明必须全面；表内项目和表外补充资料无论是根据账簿资料直接填列，还是分析计算填列，都应当准确无误，不得随意取舍。

**（5）及时性**

即按规定日期报送生产成本报表，保证报表的及时性，以便各方面利用和分析生产成本报表，充分发挥其应有作用。

## 四、生产成本报表编制及示例

### 1. 生产成本报表编制说明

（1）“上年实际”根据上年 12 月的生产成本表“本年累计实际”一栏数据填列。

（2）“本年计划”根据本期成本计划及费用预算等资料填列。

（3）“本月实际”根据本年度相应月份的成本账簿资料填列。

### 2. 生产成本报表编制示例

【例 5—1】誉城公司 20×× 年 10 月份产品生产成本表格式及相关项目数据见表 5—1，其中“上年实际”根据上一年 12 月的生产成本表“本年累计实际”一栏数据填列；“本年计划”根据 20×× 年成本计划及费用预算等资料填列；“本月实际”根据 20×× 年 10 月份的成本账簿资料填列；“本年累计实际”根据 20×× 年 1 月至 10 月的实际成本账簿资料填列。

表 5—1 产品生产成本表（按成本项目反映）

编制单位：誉城公司 20×× 年 10 月 31 日 单位：元

| 项目 | 上年实际 | 本年计划 | 本月实际 | 本年累计实际 |
|---|---|---|---|---|
| 生产费用 | | | | |
| 直接材料费用 | 264,287 | 264,122 | 18,980 | 175,155 |
| 直接人工费用 | 94,856 | 94,737 | 6,054 | 64,843 |
| 制造费用 | 138,511 | 137,806 | 9,934 | 89,550 |
| 生产费用合计 | 497,654 | 496,665 | 34,968 | 329,548 |
| 加：在产品、自制半成品期初余额 | 17,230 | 16,580 | 3,240 | 23,170 |
| 减：在产品、自制半成品期末余额 | 14,760 | 13,650 | 2,870 | 19,360 |
| 产品生产成本合计 | 500,124 | 499,595 | 35,338 | 333,358 |

# 第二节　产品单位成本报表编制

## 一、产品单位成本报表概念及意义

产品单位成本报表是反映企业在报告期内生产的各种主要产品单位成本构成情况和各项主要技术经济指标执行情况的报表，该报表按主要产品分别编制。

利用产品单位成本报表，可以具体了解各种主要产品单位成本的结构和水平，并按成本项目考核和分析各种主要产品单位成本计划执行情况，分析单位成本构成变化及趋势，以便进一步寻找产生差距的原因，力求挖掘降低产品单位成本的潜力，提高企业经济效益。产品单位成本报表通常按月编制。

## 二、产品单位成本报表编制及示例

### 1. 产品单位成本报表编制说明

（1）“本月计划产量”和“本年累计计划产量”根据本月和本年产品产量计划资料填列。

（2）“本月实际产量”和“本年累计实际产量”根据统计提供的产品产量资料或产品入库单填列。

（3）“主要技术经济指标”根据主要产品每一单位产量所消耗的主要原材料、燃料、工时等的成本计算资料（包括领料单等凭证）以及统计资料整理填列。

（4）“历史先进水平”根据本企业历史上该种产品成本最低年度的实际平均单位成本和实际单位用量成本资料填列。

（5）“上年实际平均”根据上年度本表的本年累计实际平均单位成本和单位用量的资料填列。

（6）“本年计划”根据年度成本计划中的本年计划单位成本和单位用量资料填列。

（7）“本月实际”根据本月完工的该种产品成本明细账上的本月实际单位成本和单位用量有关数字计算后填列。

（8）“本年累计实际平均”根据年初至本月末止已完工产品成本计算单等有

关资料，采用加权平均计算后填列。

其计算公式如下：

某产品的实际平均单位成本＝产品累计总成本 ÷ 该产品累计产量

某产品的实际平均单位用量＝产品累计总用量 ÷ 该产品累计产量

### 2. 产品单位成本报表示例

【例 5—2】誉城公司 20×× 年 10 月份 A 主要产品生产成本表格式及相关项目数据见表 5—2，表中数据依据相关成本资料取得，取数过程略。

表 5—2　　A 主要产品单位成本表

编制单位：誉城公司　　20×× 年 10 月　　单位：元

| 产品名称 | | 产品名称 | | 本月计划产量 | | 6 |
|---|---|---|---|---|---|---|
| 规格 | | | | 本月实际产量 | | 8 |
| 计量单位 | | 台 | | 本年累计计划产量 | | 80 |
| 销售单价 | | 150 | | 本年累计实际产量 | | 100 |
| 成本项目 | | 历史先进水平 | 上年实际平均 | 本年计划 | 本月实际 | 本年累计实际平均 |
| 直接材料 | | 98 | 108 | 100 | 121 | 120 |
| 直接人工 | | 20 | 24 | 25 | 20 | 23 |
| 制造费用 | | 12 | 18 | 15 | 14 | 13 |
| 生产成本 | | 130 | 150 | 140 | 155 | 156 |
| 主要技术经济指标 | 单位 | 用量 | 用量 | 用量 | 用量 | 用量 |
| 1. 主要材料 | 千克 | 10 | 10.80 | 10 | 11 | 10.75 |
| 2. 生产工时 | 小时 | 8 | 9 | 8.50 | 8 | 8.20 |

## 第三节　制造费用明细表编制

### 一、制造费用明细表概念及意义

制造费用明细表是反映工业企业在报告期内发生的制造费用及其构成情况的报表。由于辅助生产车间的制造费用已通过辅助生产费用的分配转入基本生产车间的制造费用和管理费用等相关的成本费用账户，因此，该报表只反映基本生产车间的制造费用，不包括辅助生产车间的制造费用，以免重复。

利用制造费用明细表所提供的资料，可以考核制造费用计划的执行情况，分析各项费用的构成情况和增减变动原因，以便进一步采取措施，节约开支，降低费用。制造费用明细表通常按月编制。

## 二、制造费用明细表编制及示例

### 1. 制造费用明细表编制说明

（1）“本年计划”根据制造费用预算中的有关项目数字填列。

（2）“上年实际”根据上年本表的“本年累计实际”填列。如果表内所列费用项目和上年度的费用项目在名称或内容上不一致的，应对上年的各项数字按照表内规定的项目进行调整。

（3）“本月实际”根据制造费用明细账上本月发生数填列。

（4）“本年累计实际”填列自年初起至编报月末止的累计实际，根据制造费用明细账的记录计算填列或根据本月实际加上期本表的本年累计实际填列。

### 2. 制造费用明细表示例

【例 5—3】誉城公司 20×× 年 10 月份制造费用明细表格式及相关项目数据见表 5—3，表中数据依据相关成本资料取得，取数过程略。

表 5—3 制造费用明细表

编制单位：誉城公司　　20×× 年 10 月　　单位：元

| 费用项目 | 本年计划 | 上年实际 | 本月实际 | 本年累计实际 |
|---|---|---|---|---|
| 工资 | （略） | （略） | 2,235 | 21,059 |
| 福利 | | | 1,312 | 12,890 |
| 折旧费 | | | 918 | 9,630 |
| 修理费 | | | 2,275 | 20,160 |
| 办公费 | | | 674 | 4,583 |
| 水电费 | | | 96 | 937 |
| 运输费 | | | 1,225 | 8,993 |
| 保险费 | | | 376 | 3,747 |

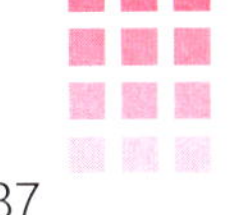



续表

| 费用项目 | 本年计划 | 上年实际 | 本月实际 | 本年累计实际 |
|---|---|---|---|---|
| 租赁费 | | | 394 | 3,616 |
| 在产品盘亏与毁损 | | | 83 | 750 |
| 其他 | | | 346 | 3,185 |
| 合计 | | | 9,934 | 89,550 |

## 知识链接

### 期间费用明细表的编制

除生产成本报表外，有时企业也会编制期间费用明细表，包括销售费用明细表、管理费用明细表和财务费用明细表，它们是反映企业在报告期内发生的经营管理费用及其构成情况的报表。

编制期间费用明细表是为了反映、分析和考核期间费用的计划执行情况及其执行结果，分析期间费用内部各项费用的构成情况和上年同期相比增减变化情况及其升降变化的主要原因。

三个期间费用明细表有共同的项目栏：本年计划、上年同期实际、本月实际和本年累计实际。

表中“本年计划”应根据相关期间费用计划填列，“上年同期实际”应根据上年同期本表本月实际数填列，“本月实际”应根据相关期间费用明细账的本月合计数填列，“本年累计实际”应根据上月本表该栏数字加上本月实际数之和填列。如有需要，也可以增加“本月计划”栏，根据相关期间费用的年度分月计划填列。

## 思考题

1. 简述编制生产成本会计报表的意义。
2. 简述编制生产成本报表的要求。
3. 生产成本报表的分类有哪些?
4. 产品单位成本报表中包括哪些主要指标?
5. 制造费用明细表中包括哪些主要指标?

# 第六章 批发主营业务成本核算

学习目标

1. 了解批发业的定义及特点。
2. 掌握进价金额核算法下设置账户的方法。
3. 掌握进价金额核算法中个别计价法、先进先出法、一次加权平均法、移动加权平均法和毛利率法的成本核算方法。

按照商业企业在社会再生产过程中的作用，商业企业可以分为批发企业和零售企业。由于批发企业具有大量采购、商品交易规模大但交易次数不很频繁、商品储存量大和经营专业性强等业务特点，对销售的商品成本，一般采用进价金额核算法进行计算。

# 第一节　认识批发业

## 一、批发业定义

批发业是指批发商向批发、零售单位及其他企业、事业、机关批量销售生活用品和生产资料的活动，以及从事进出口贸易和贸易经纪与代理的活动。批发商可以对所批发的货物拥有所有权，并以本单位、公司的名义进行交易活动；也可以不拥有货物的所有权，而以中介身份做代理销售商；还包括各类商品批发市场中固定摊位的批发活动。

## 二、批发业的经营特点

### 1. 批发业的交易额一般较大

批发业基本属于资本密集型行业，对于批发业而言，资金较劳动更为重要，资金问题往往是决定批发商经营成败的关键。

### 2. 批发业的商圈比较大

中小批发商一般集中在地方性的中小城市，但经营范围会辐射到周围地区；大型批发商往往分布于全国性的大城市，其经营范围可以涵盖整个国内市场，有些还可以开展进出口业务，其商业圈可以突破国界。

### 3. 服务项目相对较少

由于批发业的服务对象主要是组织购买者而非个人消费者，因此相对而言，批发业的服务项目比零售业少，而着重于通信、储运、信息、融资等方面，表现为组织对组织的服务，交易往往具有理性化。

由于批发业的这些经营特点，对销售的商品，一般采用进价金额核算法计算成本。

## 第二节　进价金额核算法

进价金额核算法又称“进价记账、盘存计销”核算法，是指库存商品的总分类账户和明细分类账户都只反映进价金额、不反映实物数量的一种核算方法。由于这种方法不记实物数量，所以必须通过对库存商品的实地盘点计算出期末结存金额，才能倒算出已销商品的销售成本。主要包括个别计价法、先进先出法、一次加权平均法、移动加权平均法和毛利率法。

### 一、进价金额核算法的账户设置

批发业采用进价金额核算，需要设置如下会计账户：

#### 1. “在途物资”账户

该账户核算商品企业购入材料、商品的采购成本。当企业购入材料、商品时，按其采购成本，借记该账户；当所购材料、商品到达并验收入库，借记“原材料”“库存商品——进价”等账户，贷记该账户。该账户期末借方余额，反映企业已付款或已开出、承兑商业汇票，但尚未到达或尚未验收入库的在途材料、商品的采购成本。

购入商品抵达仓库前发生的包装费、保险费、装卸费、运输途中的合理损耗和入库前的整理挑选费等金额较小的采购费用，可以直接计入当期销售费用。

#### 2. “库存商品”账户

该账户是用来核算企业库存的各种商品的实际成本（或进价）或计划成本（或售价），包括库存产成品、外购商品、存放在门市部准备出售的商品、发出展览的商品以及寄存在外的商品等。接受外来原材料加工制造的代制品和为外单位加工修理的代修品，在制造和修理完成并验收入库后，视同企业的产成品，也通过本账户核算。已经完成销售手续并确认销售收入，但购买单位在月末未提取的商品，应作为代管商品，单独设置“代管商品”备查簿进行登记。该账户应按

照库存商品的种类、品种和规格进行明细核算。

### 3. “发出商品”账户

该账户核算企业商品销售不满足收入确认条件但已发出商品的实际成本（或进价）或计划成本（或售价）。该账户应按照购货单位及商品类别和品种进行明细核算。企业采用支付手续费方式委托其他单位代销的商品，也在该账户核算，并按照受托单位进行明细核算。

## 二、商品销售成本及入库金额的核算

### 1. 个别计价法

个别计价法又称分批实际进价法，是指认定每一件或每一批商品的实际进价，计算该件或该批商品销售成本的计算方法。在整批购进、分批销售时，根据该批商品的实际购进单价，乘以销售数量计算商品销售成本。其计算公式如下：

商品销售成本＝商品销售数量×该件（批次）商品购进单价

采用个别计价法时，需要对每次销售的商品分别存放，并分户登记库存商品明细账。对于每次销售的商品，应在专用发票上注明进货件别或批次，便于按照该件或该批的实际购进单价计算商品销售成本。

采用个别计价法计算商品销售成本，可以逐日结转商品销售成本。这种方法计算的商品销售成本最为准确，但计算工作量最为繁重，适用于能分清进货件别或批次的库存商品、直运商品、委托代销商品和发出商品等。

### 2. 先进先出法

先进先出法是指根据先购进先销售的原则，先购进商品的价格先作为商品销售成本的计算方法。这种方法根据需要，可以用顺算成本的方法逐日结转成本，也可以用逆算成本的方法定期结转成本。

先进先出法是以先入库的商品先发出这一假定为依据，并根据这种假定的成本流转顺序来确定发出商品实际成本的一种方法。采用这种方法，计算比较烦琐，但可及时计算每种商品的发出与结存金额，便于管理部门及时掌握商品资金的动态，加快结账的进度。

**【例6—1】**千禧百货公司20××年6月份女式皮鞋的增减变动及成本结算情况见表6—1。

表 6—1　　库存商品明细账（先进先出法）

类别：皮鞋　　品名：女鞋　　规格：36 号　　计量单位：双　　金额单位：元

| 20×× 年 | | 摘要 | 增加 | | | 减少 | | | 结存 | | |
|---|---|---|---|---|---|---|---|---|---|---|---|
| 月 | 日 | | 数量 | 单价 | 金额 | 数量 | 单价 | 金额 | 数量 | 单价 | 金额 |
| 6 | 1 | 上期结存 | | | | | | | 1,400 | 38 | 53,200 |
| | 5 | 购进 | 1,200 | 38.7 | 46,440 | | | | 2,600 | | 99,640 |
| | 8 | 销售 | | | | 1,000 | | 38,000 | 1,600 | | 61,640 |
| | 15 | 购进 | 1,800 | 38.2 | 68,760 | | | | 3,400 | | 130,400 |
| | 20 | 销售 | | | | 2,000 | | 76,920 | 1,400 | | 53,480 |
| | 25 | 购进 | 1,000 | 38.5 | 38,500 | | | | 2,400 | | 91,980 |
| | 28 | 销售 | | | | 1,600 | | 61,180 | 800 | | 30,800 |
| 6 | 30 | 本月合计 | 4,000 | | 153,700 | 4,600 | | 176,100 | 800 | 38.5 | 30,800 |

解析：

（1）6 月 8 日商品销售成本：1,000×38=38,000（元）

（2）6 月 20 日商品销售成本：400×38+1,200×38.7+400×38.2=76,920（元）

（3）6 月 28 日商品销售成本：1,400×38.2+200×38.5=61,180（元）

则 6 月份商品销售总成本 =38,000+76,920+61,180=176,100（元）

20×× 年 6 月份千禧百货公司结转销售成本，会计分录如下：

借：主营业务成本　　176,100

　　贷：库存商品　　176,100

### 3. 一次加权平均法

一次加权平均法是以数量为权数计算各种商品的平均单位成本，从而确定销售商品实际成本的一种方法。在实际工作中，通常根据本月购入商品及月初结存商品的数量和单价，于月末一次计算加权平均单价。一次加权平均法一般以公历一个月为一个计算期，通过综合计算每种商品的加权平均单价，再乘以销售数量来计算商品销售成本。其计算公式如下：

加权平均单价 =（期初结存商品金额 + 本期收入商品金额 – 本期非销售发出商品金额）÷（期初结存商品数量 + 本期收入商品数量 – 本期非销售发出商品数量）

本期非销售发出商品数量和金额是指除销售以外其他的商品发出，所以在期

末计算加权平均单价时要剔除这些因素。

当然，在非销售发出商品较少的情况下进行简便处理，往往也可以采用如下计算公式：

加权平均单价 =（期初结存商品金额 + 本期收入商品金额）÷（期初结存商品数量 + 本期收入商品数量）

在日常工作中，由于计算加权平均单价往往不能整除，计算的结果必然会产生尾差。为了保证期末库存商品数额的准确性，所以采用逆算成本的方法，计算公式如下：

期末结存商品金额 = 期末结存商品数量 × 加权平均单价

本期商品销售成本 = 期初结存商品金额 + 本期收入商品金额 – 本期非销售发出的商品金额 – 期末结存商品金额

采用一次加权平均法，每月计算一次平均单价，核算简便而且较合理。但在这种方式下，商品平均单价要等到月末才能计算出来，有时会影响核算的及时性。这种方法计算出来的商品销售成本较为均衡，也较为准确，但计算的工作量较大，一般适用于经营品种较少，或者前后购进商品的单价相差幅度较大，并定期结转商品销售成本的企业。

**【例 6—2】**承【例 6—1】，假设该公司采用加权平均法计算商品销售成本，则 6 月份女式皮鞋的销售成本计算如下：

女鞋加权平均单价 =（53,200+153,700）÷（1,400+4,000）=38.31（元 / 双）

女鞋本月销售成本 =4,600 × 38.31=176,226（元）

20×× 年 6 月份千禧百货公司结转销售成本，会计分录如下：

借：主营业务成本　　　　176,226

　　贷：库存商品　　　　　　176,226

## 4. 移动加权平均法

移动加权平均法是指以各次收入数量和金额与各次收入前的数量和金额为基础，计算出移动加权平均单价，再乘以销售数量，计算商品销售成本的一种方法。其计算公式如下：

移动加权平均单价 =（本次收入前结存商品金额 + 本次收入商品金额）÷（本次收入前结存商品数量 + 本次收入商品数量）

商品销售成本 = 商品销售数量 × 移动加权平均单价

采用移动加权平均法，计算出来的商品销售成本比一次加权平均法更为准确，但计算工作量大，一般适用于经营品种不多，或者前后购进商品的单价相差幅度较大，并逐日结转商品销售成本的企业。

【例 6—3】千禧百货公司采用移动加权平均法计算商品销售成本。20××年9月份男鞋收发存等资料见表 6—2。

表 6—2 库存商品明细账（移动加权平均法）

类别：皮鞋　品名：男鞋　规格：48 号　计量单位：双　金额单位：元

| 20××年 | | 摘要 | 收入 | | | 发出 | | | 结存 | | |
|---|---|---|---|---|---|---|---|---|---|---|---|
| 月 | 日 | | 数量 | 单价 | 金额 | 数量 | 单价 | 金额 | 数量 | 单价 | 金额 |
| 9 | 1 | 上期结存 | | | | | | | 150 | 60 | 9,000 |
| | 8 | 销售 | | | | 70 | 60 | 4,200 | 80 | 60 | 4,800 |
| | 15 | 购进 | 100 | 62 | 6,200 | | | | 180 | 61.11 | 11,000 |
| | 20 | 销售 | | | | 50 | 61.11 | 3,056 | 130 | 61.11 | 7,944 |
| | 24 | 销售 | | | | 90 | 61.11 | 5,500 | 40 | 61.11 | 2,444 |
| | 28 | 购进 | 200 | 68 | 13,600 | | | | 240 | 66.85 | 16,044 |
| | 30 | 销售 | | | | 60 | 66.85 | 4,011 | 180 | 66.85 | 12,033 |
| | | 本期销售成本 | | | | 270 | | 16,767 | | | |

解析：

（1）9 月 15 日购入后的平均单价为：

移动加权平均单价 =（4,800+6,200）÷（80+100）=61.11（元 / 双）

（2）9 月 28 日购入后的平均单价为：

移动加权平均单价 =（2,444+13,600）÷（40+200）=66.85（元 / 双）

则 9 月份销售商品总成本 =16,767（元）

20××年 9 月份千禧百货公司结转销售成本，会计分录如下：

借：主营业务成本　　16,767

　　贷：库存商品　　16,767

### 5. 毛利率法

毛利率法是指根据本期商品销售收入乘以上季度实际毛利率或本季度计划毛利率，推算出商品销售毛利，进而推算出成本的一种方法。其计算公式如下：

本期商品销售毛利 = 本期商品销售收入 × 上季度实际毛利率

本期主营业务成本 = 本期商品销售收入 – 本期商品销售毛利

或 = 本月销售收入总额 ×（1– 上季度实际或本季度计划毛利率）

相对来说，采用毛利率法计算商品的销售成本比较简便。但是，由于同一类别商品的毛利率不尽相同，或因前后期的实际毛利率变化较大，因此毛利率法计算出来的商品销售成本往往不够准确，故一般适用于经营商品品种较多、按月计算商品销售成本比较困难的企业。

【例 6—4】千禧百货公司采用毛利率法计算商品销售成本。该公司 20×× 年第一季度的实际毛利率为 30%，4 月份三批女式皮鞋的销售收入分别为 48,260 元、101,520 元和 76,540 元，则 4 月份女式皮鞋的销售成本计算如下：

本月主营业务成本 =（48,260+101,520+76,540）×（1–30%）=158,424（元）

20×× 年 4 月份千禧百货公司结转销售成本，会计分录如下：

借：主营业务成本　　158,424

　贷：库存商品　　158,424

### 知识链接

#### “发出商品”账户的账务处理

（1）对于不满足收入确认条件的发出商品，应按发出商品的实际成本（或进价）或计划成本（或售价），借记本账户，贷记“库存商品”账户。发出商品满足收入确认条件时，应结转销售成本，借记“主营业务成本”账户，贷记本账户。

（2）采用计划成本或售价核算的，还应结转应分摊的产品成本差异或商品进销差价，借记“产品成本差异”或“商品进销差价”账户，贷记“主营业务成本”账户；实际成本大于计划成本的差异，做相反的会计分录。

（3）发出商品如发生退回，应按退回商品的实际成本（或进价）或计划成本（或售价），借记“库存商品”账户，贷记本账户。

（4）本账户期末借方余额，反映企业商品销售中，不满足收入确认条件的已发出商品的实际成本（或进价）或计划成本（或售价）。

## 思考题

1. 批发业的特点有哪些?
2. 进价金额核算需要设置哪些会计账户？请说明各账户的核算内容。
3. 简述先进先出法在成本核算中的计算特点。
4. 简述一次加权平均法和移动加权平均法成本计算的不同之处。
5. 毛利率法如何核算批发企业的商品成本?

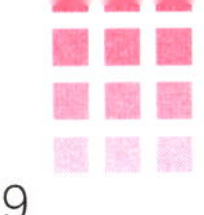



6. 零售贸易必须依靠周转速度取胜。相对于批发贸易，零售贸易每次交易额小，因此必须注重提高成交率，提高贸易资本的周转速度，尽可能在同一时间内使贸易资本周转更快、更有效率，做到薄利多销，快买快卖。

由于零售业的这些经营特点，对销售的商品，一般采用售价金额核算法计算成本。

## 第二节　售价金额核算法

售价金额核算法是指零售企业采购商品的入库和销售商品的发出，都按售价进行核算，售价与进价之间的差额通过“商品进销差价”账户进行核算；在商品销售以后，再按进销差价率将进销差价分配给已销商品，从而将已销商品的售价成本调整为进价成本；最后计算出损益的一种核算方法。

### 一、售价金额核算法的账户设置

零售业采用售价金额核算，需要设置如下会计账户：

#### 1. “商品采购”账户

该账户用来核算商品流通企业商品采购中发生的采购成本。商品流通企业的采购成本一般包括采购价款和进货费用两部分，但如果将进货费用进行单独归集或将进货费用直接计入销售费用，则商品采购账户核算的采购成本只包括商品的买价，而不包括进货费用。

该账户借方登记商品的采购成本，贷方登记到达并验收入库商品的采购成本。期末借方余额反映的是企业已经收到发票账单，但商品尚未到达或尚未验收入库在途商品的实际成本。该账户可按商品品种设置明细账进行明细核算。该账户也可用“在途商品”账户代替。

#### 2. “库存商品”账户

该账户借方登记入库商品的售价金额，贷方登记结转的已销售商品的含增值税售价金额。期末借方余额反映的是库存商品（包括库房存和柜台存）含应收取的增值税在内的售价金额。也就是说，在售价金额核算法下，库存商品的增减变动和结存情况均按售价记载。

该账户应按实物负责人（或柜组）分户，设置明细账。总账与明细账都只记金额，通过金额控制，而不需登记实物数量。

### 3. “商品进销差价”账户

该账户是库存商品的调整账户，核算企业采用售价金额核算的商品售价与进价之间的差额。其贷方登记购进商品的售价大于进价的差额，如对库存商品调高价格，调高部分的价款也登记在贷方。借方登记已销售商品应分摊的商品进销差价，如对库存商品调低价格，调低部分的价款也登记在借方。

### 4. “进货费用”账户

按照现行会计准则的要求，商品流通企业在采购商品过程中发生的进货费用，包括运输费、装卸费、保险费等运杂费，应当计入商品采购成本，也可以先进行归集，期末根据所购商品的存销情况进行分摊。进货费用金额较小的，可以在发生当期即计入销售费用。

考虑到零售业每次进货品种往往是多而杂，如果将进货费用分配到各种商品的成本上，工作量太大，所以可以对进货费用设置“进货费用”账户进行单独归集，或直接计入销售费用。

该账户属于成本类账户，借方登记本期发生的进货费用，贷方登记期末已销售商品分摊的进货费用，即向主营业务成本结转的进货费用，期末借方余额反映的是期末库存商品应承担的进货费用。

## 二、商品采购成本及入库金额的核算

商品的采购成本，指的是商品采购的实际成本。商品的采购成本应该包括商品的买价和进货费用等。

按现行会计准则，商业企业购入商品发生的进货费用，如运输费、装卸费、保险费等，有三种不同的处理方式：一是将进货费用直接计入商品采购成本；二是单独归集，期末在已销商品和期末库存商品之间进行分配；三是进货费用如果金额较小，可在发生的当期直接计入销售费用。

在售价金额核算法下，商品的入库金额是商品的售价金额。售价金额是在采

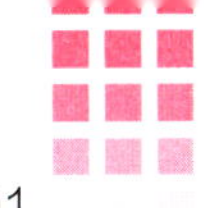



购成本或采购价格的基础上加上一定的毛利，再加上销售商品的增值税销项税额所形成的销售价格。

### 1. 将进货费用直接计入采购成本情况下的商品采购及入库

#### （1）商品购入

**【例 7—1】** 千禧百货公司为增值税一般纳税人，20×× 年 6 月 16 日从异地购入一批货物 M，数量 1,000 个，单价 210 元 / 个，价款 210,000 元，增值税 33,600 元并取得增值税专用发票；支付运费总价款 11,000 元，其中增值税 1,000 元并取得运输业增值税专用发票；支付装卸费和保险费 2,000 元。货款尚未支付。

解析：

商品采购价款 =210,000 元

运费 =10,000 元

装卸费和保险费 =2,000 元

“商品采购”金额 = 商品采购价款 + 运费 + 装卸费和保险费 =222,000 元

“应交税费——应交增值税”金额 =33,600 元 +1,000 元 =34,600 元

会计分录如下：

| | | |
|---|---|---|
| 借：商品采购——M | 222,000 | |
| 　　应交税费——应交增值税（进项税额） | 34,600 | |
| 　　贷：应付账款 | | 256,600 |

#### （2）商品入库

在售价金额核算法下，商品按售价金额入库，并将售价金额与采购成本之间的差额计入“商品进销差价”账户。

商品的售价金额 = 采购成本 ×（1+ 增值税税率）÷（1– 规定的毛利率）

上述公示中的毛利率是指销售毛利占不含税销售价格的比率。

毛利率 = 毛利 ÷ 不含税销售价格

上述的“采购成本 ÷（1– 规定的毛利率）”得出的是不含税售价。

上述的“采购成本 ×（1+ 增值税税率）÷（1– 规定的毛利率）”得出的是含增值税销项税额的售价。

承上例，假定企业规定的商品毛利率为 20%，货物增值税税率为 16%。

商品的售价金额 =222,000×（1+16%）÷（1-20%）=321,900（元）

该批商品入库时，编制会计分录如下：

借：库存商品——M　　321,900

　　贷：商品采购——M　　222,000

　　　　商品进销差价　　99,900

### 2. 将进货费用单独归集情况下的商品采购及入库

将进货费用进行单独归集，需要单独设置“进货费用”账户，将进货的买价记入“商品采购”账户，将进货费用单独归集到“进货费用”账户，期末再将进货费用在已销商品和期末库存商品之间进行分配。

#### （1）商品购入

**【例 7—2】**承【例 7—1】，若将进货费用单独归集，进行成本核算。

解析：

商品采购价款 =210,000 元

运费 =10,000 元

装卸费和保险费 =2,000 元

“商品采购”金额 = 商品采购价款 =210,000 元

“应交税费——应交增值税”金额 =33,600 元 +1,000 元 =34,600 元

“进货费用”金额 = 运费 + 装卸费和保险费 =12,000 元

会计分录如下：

借：商品采购——M　　210,000

　　应交税费——应交增值税（进项税额）　　34,600

　　进货费用　　12,000

　　贷：应付账款　　256,600

#### （2）商品入库

商品入库时，应该按销售价格记入“库存商品”账户。

商品销售价格 = 采购价款 ×（1+ 增值税税率）÷（1- 规定的毛利率）

毛利率 = 毛利 ÷ 不含税销售价格

承上例，本月购入的商品已经入库。商品入库时，假定毛利率为 25%。（在进货费用不直接计入采购成本的情况下，因计算销售价格的基数有所减少，所以可以适当提高毛利率，以将进货费用加到销售价格中去）

入库价格 =210,000×（1+16%）÷（1-25%）=324,800（元）

会计分录如下：

借：库存商品——M 324,800

贷：商品采购——M 210,000

商品进销差价 114,800

### 3. 将进货费用直接计入销售费用情况下的商品采购及入库

#### （1）商品购入

【例 7—3】承例【7—1】，若将进货费用直接计入销售费用，进行成本核算。

解析：

商品采购价款 =210,000 元

运费 =10,000 元

装卸费和保险费 =2,000 元

“商品采购”金额 = 商品采购价款 =210,000 元

“应交税费——应交增值税”金额 =33,600 元 +1,000 元 =34,600 元

“销售费用”金额 = 运费 + 装卸费和保险费 =12,000 元

会计分录如下：

借：商品采购——M 210,000

应交税费——应交增值税（进项税额） 34,600

销售费用 12,000

贷：应付账款 256,600

#### （2）商品入库

商品入库时，入库价格的计算与将进货费用单独归集情况下的价格计算是一样的。

承上例，假定毛利率定为 25%（将进货费用计入销售费用，也应适当提高毛利率，从而将进货费用加到销售价格中去）。

入库价格 =210,000×（1+16%）÷（1-25%）=324,800（元）

会计分录如下：

借：库存商品——M 324,800

贷：商品采购——M 210,000

商品进销差价 114,800

## 三、售价金额核算法下商品销售的账务处理

零售业进行零售商品的销售，其收款方式有两种：

一种是一手钱，一手货。即由营业员发货时直接收款，每日终了，营业员将当日销售的货款交门店收银员。

另一种是集中收款，货款分管。即消费者选好商品后，由营业员填制销货凭证，由门店收银员集中收款，营业员再根据收款凭证发货。

每日终了，门店收银员将所收款项按不同柜组进行汇总后，填写“商品销售收入缴款单”一式两联，将款项一并交给财务部门。财务部门收款后，一联退还门店收银员，另一联作为记账凭证，据以记账。

【例 7—4】假设千禧百货公司将进货费用直接计入采购成本。20×× 年 7 月销售货物 M 200 个，单价 252 元 / 个（毛利率为 20%），实现销售收入 50,400 元，增值税税率为 16%，现款销售。实现销售时，做如下会计分录。

确认收入会计分录：

| | | |
|---|---|---|
| 借：银行存款 | 58,464 | |
| 贷：主营业务收入 | | 50,400 |
| 应交税费——应交增值税（销项税额） | | 8,064 |

结转成本会计分录：

| | | |
|---|---|---|
| 借：主营业务成本 | 44,400 | |
| 商品进销差价 | 20,535 | |
| 贷：库存商品——M | | 64,935 |

【例 7—5】假设千禧百货公司将进货费用单独归集。20×× 年 7 月销售货物 M 200 个，单价 262.5 元 / 个（毛利率为 25%），实现销售收入 52,500 元，增值税税率为 16%，现款销售。实现销售时，做如下会计分录。

确认收入会计分录：

| | | |
|---|---|---|
| 借：银行存款 | 60,900 | |
| 贷：主营业务收入 | | 52,500 |
| 应交税费——应交增值税（销项税额） | | 8,400 |

结转成本会计分录：

| | | |
|---|---|---|
| 借：主营业务成本 | 44,400 | |
| 贷：库存商品——M | | 42,000 |
| 进货费用 | | 2,400 |

【例 7—6】假设千禧百货公司将进货费用直接计入销售费用。20×× 年 7 月销售 M 200 个，单价 262.5 元 / 个（毛利率为 25%），实现销售收入 52,500 元，增值税税率为 16%，现款销售。实现销售时，做如下会计分录。

确认收入会计分录：

借：银行存款　　60,900

　　贷：主营业务收入　　52,500

　　　　应交税费——应交增值税（销项税额）　　8,400

结转成本会计分录：

借：主营业务成本　　42,000

　　贷：库存商品——M　　42,000

## 知识链接

### 综合差价率推算法和分柜组差价率推算法

零售业成本核算除售价金额核算法外，还有综合差价率推算法和分柜组差价率推算法。

综合差价率推算法是按全部商品的存销比例，推算本期销售商品应分摊进销差价的一种方法。它是按企业全部商品的销售及库存比例计算的差价率。

具体的计算方法是先将期末结转前的“商品进销差价”账户余额，除以期末“库存商品”账户余额、“受托代销商品”账户余额与本期商品销售收入之和，计算出本期商品的综合差价率，再乘以本期商品销售收入，计算出已销商品的进销差价，其计算公式如下：

综合差价率 = 期末结转前“商品进销差价”账户余额 ÷（期末“库存商品”账户余额 + 期末“受托代销商品”账户余额 + 本期商品销售收入）

本期已销商品进销差价 = 本期商品销售收入 × 综合差价率

通过计算已销商品应分摊的进销差价，将“商品销售成本”账户期末余额调整为本期已销商品的实际成本，“商品进销差价”账户期末余额则是期末库存商品应分摊的进销差价。

采用综合差价率推算法确定商品的销售成本，计算比较简便，但只适用于商品种类较少、商品的进销差价比较接近的企业。

分柜组差价率推算法是按各营业柜组或门市部商品的存销比例，推算本期销售商品应摊销商品应摊进销差价的一种方法。分柜组差价率是指按企业各类商品或各营业柜组的销售及库存比例计算的差价率。它要求按营业柜组分别进行计算，其计算方法与综合差价率推算法相同，财会部门可编制“已销商品进销差价计算表”进行计算。计算公式如下：

分柜组差价率＝某类（柜组）商品月末“商品进销差价”账户余额（分摊前）÷某类（柜组）商品收入

采用分柜组差价率摔推算法时，“库存商品”“商品进销差价”“商品销售收入”“受托代销商品”等账户均应按商品大类（柜组）设置明细账，以此确定商品的销售成本，其计算结果能够较准确地反映实际情况，在实际工作中应重点应用此种方法。

## 思考题

1. 零售业的经营特点有哪些?
2. 售价金额核算法需要设置哪些账户？请说明各账户的核算内容。
3. 商业零售业的进货费用有哪几种处理方式?
4. 在不同的进货费用处理方式下如何确定产品销售价格?
5. 简述进货费用采用不同的处理方式下各自的账务处理特征。